编著 潘军 张远坤

卓越管理沟通

ZHUOYUE GUANLI GOUTONG

暨南大學出版社
JINAN UNIVERSITY PRESS
中国·广州

图书在版编目（CIP）数据

卓越管理沟通/潘军，张远坤编著．—广州：暨南大学出版社，2011.9（2012.8 重印）

ISBN 978－7－81135－939－8

Ⅰ.①卓…　Ⅱ.①潘…②张…　Ⅲ.①管理学　Ⅳ.①C93

中国版本图书馆 CIP 数据核字(2011)第 159369 号

出版发行：暨南大学出版社

地　址：中国广州暨南大学

电　话：总编室（8620）85221601

营销部（8620）85225284　85228291　85228292（邮购）

传　真：（8620）85221583（办公室）　85223774（营销部）

邮　编：510630

网　址：http://www.jnupress.com　http://press.jnu.edu.cn

排　版：广州市天河星辰文化发展部照排中心

印　刷：湛江日报社印刷厂

开　本：787mm×960mm　1/16

印　张：11.5

字　数：152 千

版　次：2011 年 9 月第 1 版

印　次：2012 年 8 月第 2 次

定　价：26.00 元

目 录

前 言

一、沟通为什么重要

1. 沟通是人际关系的润滑剂

宇宙万物之中，人类的关系是最为复杂的，而且各地的风土人情不同，又形成不一样的人际关系。所谓人际关系，就是指人与人之间相处的关系，亦即人际相处之道。人际关系的出现，是人类的一种需求。人际关系以人们在相互交往过程中能否满足物质和精神方面的需要为基础。我们每一个人都有各自的人际关系，而且在各自的人际关系网中长大，形成各自的交往特点和能力。我们天天在与人交往，交往成功与否则要看自身交往的方式与方法，而沟通在这个过程中起到了非常关键的作用。沟通在人际关系中的意义体现在以下方面：

一是通过人际沟通来了解自我和肯定自我。人有一种需要，就是希望知道自己的观点正确与否，以及对自己的能力强弱作出评价。但是在很多时候，并不存在那种赖以判断和评价自己的客观标准和手段，这时人们便将自己的观点、能力等方面与他人进行比较，产生对自我的评价。在进行自我评价时，人们还希望听到他人对自己的评价，这就需要通过沟通来探索自我，肯定自我。

二是通过与他人沟通满足社会需求。马斯洛的需求层次理论中，社交需求是人较高层次的需求。人是社会的一员，具有社会属性，我们需要和人相处，需要友谊和群体归属感，失去和他人接触的机会，很多人都会变得心理失调。在日常生活中，我们习惯用一定的时间和他人交流，哪怕是谈论一些无关紧要的琐事，也会觉得愉快，因为这样的交谈满足了我们和他人进行沟通的需要。

三是通过沟通增进人际关系。人与人之间可通过经常的正式沟通与非正式沟通而获得彼此之间的了解，从而建立良好的关系。同时，当人际关系有了误解或冲突时，也可通过善意的沟通化解。

四是通过沟通了解他人，以发展、改变或维系与他人的关系。每个人都生活在社会群体当中，通过人际沟通，发展与他人之间的关系，在沟通的过程中了解他人，也被别人了解。例如，通过和某人的交流，我们会决定和此人保持怎样的关系：是仅仅限于认识，还是发展关系，或者觉得这人可以成为我们长久的朋友。另一方面，无论我们是谁，保持了怎样的关系，这种关系都不是一成不变的，因为我们同时还通过人际沟通，使已经形成的关系得以保持和发展。

五是通过沟通促进相互间的资讯交换。个人通过和他人交流的过程来获取某些重要的资讯，以帮助自己作出正确的决策，而正确资讯的取得，则有赖于人际沟通来完成。例如，患者问护士：“这种药对我的高血压有什么作用呢?”护士说：“它可以使你的血压得到一定的控制。”通过这样的信息交流，患者所做的决策便是：愉快地将药吃下去。

2. 沟通是组织的血液

传播学者罗吉斯指出，组织沟通不同于人际沟通，其发生于高度结构化的组织内，以稳定体制中的成员，借职能分化和分工来实现共同目标。罗吉斯强调沟通犹如组织中的血液，遍及组织的所有活动，不仅发生于组织内，以及组织与组织之间，还发生于组织与环境之中。沟通是组织有效性的核心成分而不是外部成分，它在组织中扮演着十分重要的角色，组织的稳定发展有赖于成员之间完善的沟通。早在管理学者汤姆·毕德士与罗伯·华特曼合著的《追求卓越》一书中，就曾引用惠普公司一位高级主管的话："我们不确定创新过程究竟是怎样发生的，但有一件事再清楚不过：简单的沟通、不受阻碍地相互交谈是创新的关键。无论我们做的是什么，采用的架构是什么，尝试的系统是什么，沟通是一切的根基，我们不会做任何有害沟通的事。"组织沟通的意义具体表现在：

一是组织沟通能传递组织信息，增进员工对组织的了解。由于每个员工都有自己的岗位，只是从事一项或有限的几项工作，因而，他们虽然在企业工作，但其中大多数人对企业情况了解不全面。因此，通过沟通，员工可以随时了解组织的新政策、新变化，了解发生在组织中的与他们切身利益有关的事情。维护他们的知情权，是组织内部公共关系部门必须做好的工作。做好了这项工作，就会让员工感到，他（她）对组织是了解的，他（她）在组织中是重要的，这对调动员工的积极性和主动性具有重大的意义。

二是组织沟通能减少组织成员间的摩擦，化解冲突。在公共关系工作中，由于组织与所供职的员工处于不同地位，存在着利益上的差异和矛盾，再加上管理机构和管理人员的行为不可能十全十美，因此，员工和组织、员工和管理层之间经常会发生这样或那样的摩擦和冲突。而这些摩擦和冲突会分散员工的精力，导致员工不满，从而削弱组织的凝聚力和战斗力。因此，组织的公共关系部门必须充分运用公共关系的艺术和技巧，努力协调好各种摩擦和冲突，以形成和谐的人际关系和良好的组织氛围。加强沟通、增进联络、促进理解、相互配合，是解决组织内部摩擦和冲突的有效办法之一。因此，组织首先应健全内部沟通机制，完善内部沟通渠道，做到上情下达、下情上呈；其次需要在组织中提倡一种相互理解、相互信任的组织文化，营造一种良好沟通的氛围，提倡一种通过协商、合作来解决问题的价值观念。实际上，通过组织内部的沟通，促使广大员工凝聚强大的工作动力和形成为事业献身的奋斗精神，从而把组织塑造成坚强、团结的集体，这是那些成功组织的共同经验。员工都希望自己在组织中感受到家庭式的温暖，在一个融洽的氛围中使自己的事业取得一定的成就。而那些获得卓越成就的组织，都十分关心员工，致力于培养组织内部和谐、融洽的人际关系和“家庭式氛围”，让员工把组织看成一个扩大了的家庭。例如，美国著名的德尔塔航空公司大力提倡和培养广大职员的“家庭情感”，并把“家庭观念”融入各项管理制度之中。这就是该公司获得成功的“德尔塔之路”。

三是组织沟通能培养员工的价值观。根据中外企业组织成功的经验分析，组织成功应具备七个基本要素（7S）：组织结构（structure）、经营战略（strategy）、组织系统（system）、组织班子（staff）、组织作风（style）、实务技能（skill）与员工的价值观念（shared value）。其中，培养员工的价值观念是核心要素，是企业成功的法宝，也是组织内部公共关系的一个主要目标。在组织内部开展公共关系活动时，一个首要任务是造就和培养一个共同的员工价值观念，以达到团结广大员工，使内部协调一致的目的。日本松下公司在内部公共关系实践活动中就明确地向全体员工传递这样一个信条：“唯有本公司每一位成员齐心协力，才能促成进步与发展。”“因此，我们每一个人都要时时刻刻记住这一信条，努力促使本公司不断进步。”为此，他们在内部确立了“松下精神”，即产业报国的精神、光明正大的精神、亲和一致的精神、力争向上的精神、谦虚礼让的精神、顺应同化的精神、感恩报德的精神。同时，松下公司还对员工进行独特的“松下精神”的学习教育。每隔一个月，员工至少要在他所属的群体中进行10分钟的演讲，叙说公司的精神价值观念，以及公司与社会、个人之间的关系。日本松下公司的内部沟通使其内部形成一种良好的公共关系，这是该公司腾飞的重要保证。

二、沟通的理念和艺术如何习得

行动学习是一个不断学习和反思的过程，通过行动学习，边学边实践，边实践边学习。在学习中，通过案例分析、故事分享、参与游戏等引发思考、开启智慧、领悟真谛。“反思”是行动学习的关键要素，反思可让人改变看问题的视角，从而看到原来没有看到的事物与事物之间的联系。

沟通的理念和艺术是在沟通实践中提炼和总结出来的，这种理念和艺术的学习与传承需要通过感悟、反思与实践。传统的理论学习重在让学习者“知道”和“了解”，例如，通过沟通理论的学习，可以了解“沟通的定义”、“沟通的原则”、“沟通的意义”、“沟通的分类”、“沟通的渠道”、“沟通的技巧”等。如何让这些理论对学习者需的理念产生影响，并使学习者的沟通技巧真正得到改善？本书通过“【通俗易懂的理论】+【案例分析】+【故事分享】+【游戏与启示】+【行动与反思】”的模式，使沟通理念在故事分享与案例分析中得到强化和提升，使沟通艺术在沟通游戏的行动与反思中得到完善和升华。

故事和案例对于学习者的影响有时远远超过理论说教，它们能穿透原有思维定式所制造的屏障，直达心灵深处，让人为之一振，并从心底燃起兴奋的火焰。这种火焰能够迅速烧掉旧思维的栅栏，让心灵向新思想开放。本书的沟通故事与案例分析可让学习者感同身受，打开心灵之门，接受沟通理念的“洗礼”。

游戏与行动是学习者将理论转化为实践的过程。在这一过程中，学习者需进行现实或模拟情景沟通，这样可使学习者不断感悟与反思，从而获得提高。本书第二编“沟通之术”的每一章均设计了游戏与行动的场景，有助于学习者在感悟、启示与行动中学习沟通的艺术。

编著者

2011 年 8 月

第一编

沟通之“道”

老子说：“道生一，一生二，二生三，三生万物。”这句话的含义在于强调万物由道所生成，所以万物也由道所统治。在这里，沟通之道是指导沟通行为、提升沟通技巧与建立沟通渠道的理念和原则。所谓原则，就是一种态度的倾向性和做事的依据。“明道”就是要明确沟通的原则，树立正确的沟通理念。“明道”是为了“优术”。

“术”的本义是一种具体的道路。“道为术之灵，术为道之体；以道统术，以术得道”；在这里，“沟通之术”就是提高沟通效果和效率的技巧、手段和方法的总和，即沟通的艺术。“优术’就是提升沟通技巧和方法，改善沟通策略，使之上升为一种艺术。

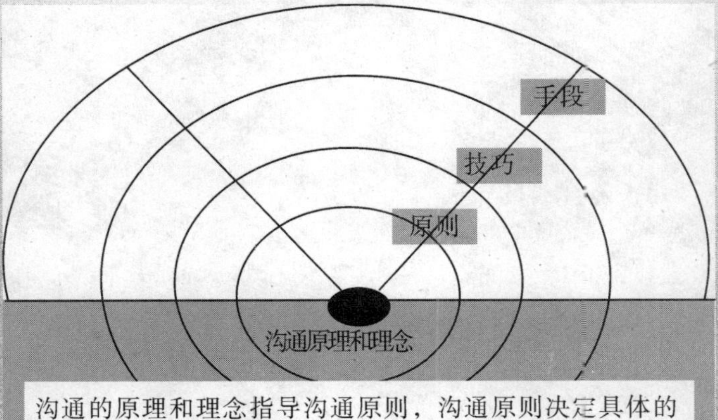

沟通的原理和理念指导沟通原则，沟通原则决定具体的沟通技巧，沟通技巧决定沟通者采用什么样的沟通手段和渠道。

第一章　沟通的基本要素及分类

一、沟通有哪些基本要素

基于某种目标或目的，信息发送者通过特定的渠道将信息传递给接收者，并力求让接收者接受，这样就形成了沟通过程。沟通过程不可避免地受噪音、沟通背景等因素的影响。从下面的沟通过程模型（图 1－1）中可以总结出沟通过程中存在的一些基本要素：①信息发送者（发信者）；②信息接受者（受信者）；③编码和解码；④沟通目标（目的）；⑤沟通信息；⑥沟通管道和媒介；⑦反馈；⑧噪音；⑨沟通背景（环境）。分析沟通的基本要素有利于我们掌握影响沟通效果的因素，以及如何利用积极因素的作用、克服消极因素的作用。

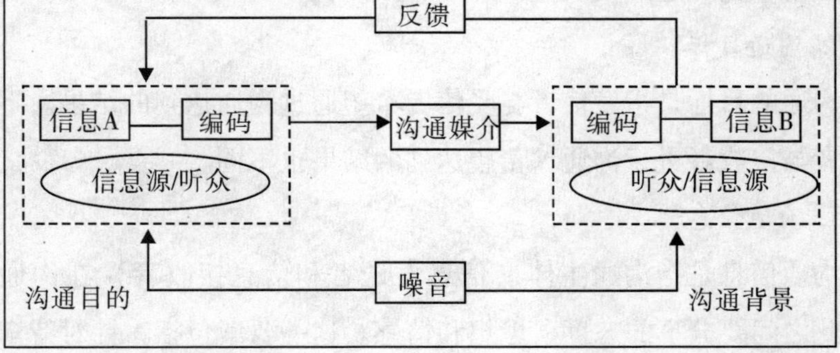

图 1－1　沟通过程模型

1. 信息发送者（发信者）

信息发送者就是沟通中的信息源，明确了信息源也就明确了“信息从哪里发出的”、“谁正在发起沟通”等问题。信息发送者的动机、态度及其可靠性会影响沟通效果。

2. 信息接受者（受信者）

信息接收者就是沟通中的听众。对这一要素，我们在沟通中需要明确：是什么促使他们接收和理解这些信息？他们对发信者的态度是积极的还是消极的，或者是不冷不热的？有一个还是几个关键的听众？会受到发信者信息影响的次要听众是谁？

3. 编码和解码

编码是发送者将信息编成一定的文字等语言符号及其他形式的符号，信息发送者的词汇和知识在这里起着重要的作用。解码是接收者在接收信息后，将符号化的信息还原，并理解其意义，是信息接收者根据自己已有的经验和参考的框架进行解释的过程。

完美的沟通应该是发信者的信息 A 经过编码与解码两个过程后，接收者形成的信息 B 与信息 A 完全吻合，也就是说，编码与解码完全“对称”。“对称”的前提条件是双方拥有类似的经验，如果双方对信息符号及信息内容缺乏共同经验，则容易缺乏共同语言，从而使编码、解码过程不可避免地出现误差。

4. 沟通目标

沟通的目标是指发信者与受信者希望通过沟通达到的结果。不同的发信者与接收者进行沟通，希望达到的结果也不同。

5. 沟通信息

沟通信息是指沟通主体（信息发送者和信息接收者）在沟通过程中彼此之间要分享的态度、思想和情感。这一要素包括：针对特定的听众，提供什么信息可实现沟通的目标？考虑他们需要多少信息？他们可能会产生何种疑惑？你的建议将会给他们带来何种利益？怎样使你的信息具有说服力并使接受者牢记在心？怎样组织材料，使你的观点最有说服力？

6. 沟通媒介

沟通媒介是信息发送者用于传递信息的途径或手段，如书、电话、电报、电脑与网络等。不同的信息内容要求使用不同的媒介。政府工作报告不宜通过口头形式而应采用正式文件作为媒介，邀请朋友吃饭如果采用备忘录形式就会显得不伦不类。

有时人们可以使用两种或两种以上的传递渠道，例如，双方可先口头达成一个协议，然后再予以书面认可。由于每种渠道各有利弊，因此，选用恰当的沟通渠道对有效沟通十分重要。在各种沟通方式中，影响力最大的是面对面的原始沟通方式。面对面沟通时，除了言语本身的信息外，还有沟通者整体心理状态的信息，这些信息可使发送者和受信者产生情绪上的相互感染。

7. 反馈

反馈是信息发送者和信息接收者之间相互回应的过程。沟通是为了实现沟通目标而进行的动态过程，当一条信息引起一种反应，而这个反应就成为另一条信息。反馈意味着沟通的每一个阶段都要寻求听众的支持，更重要的是给听众回应的机会。只有这样，你才会知道你的听众在想什么，才能相应地调整你发布的信息，使听众更好地参与这个过程，并对你的沟通作出回应。例如演讲者的演讲幽默风趣、一听就懂，观众一定会报以热烈的掌声；教师对学习成绩有所进步的学生给予适当赞赏时，大多数的学生会更加努力学习，这些都是反馈。由于反馈能让沟通主体参与沟通并了解信息是否按他们预计的方式发送和接收、信息是否得到分享，所以它对沟通效果的好坏是至关重要的。两个人面对面沟通使沟通主体有较多的反馈机会，而在一个礼堂或报告厅里进行演说，不论演说者还是听众，其反馈都十分有限。总之，交流中包含的人越少，反馈的机会就越多。

8. 噪音

这里的噪音是广义的，是指影响信息发送、传递、接收、理解的障碍，它存在于沟通过程的各个环节，并有可能造成信息失真。比如模棱两可的语言、难以辨认的笔迹、不同的文化背景等都可理解为沟通的噪音。

影响信息发送的噪音主要有：

（1）表达能力不佳、逻辑混乱或者信息内容艰深晦涩，使人无法准确地对信息进行解码。

（2）“信息符号系统”差异。信息沟通使用的主要符号是语言，而不是客观事物本身。沟通中人们只有通过其“信息符号系统”的相互联系才能对信息进行有效理解。不同的人常常有着不同的“信息符号系统”，因此，受信者的理解有可能与发送者的意图存在偏差。

（3）知识、经验的局限。你无法向一个小学生解释清楚相对论，也无法向一个乡下老农解释清楚超导的原理，因为每个人只能在自己的社会经历及知识经验范围内理解所接收的信息，当信息超出这一范围时，他是无法理解的。

（4）形象因素。如果受信者认为发送者不守信用，即使其所发出的信息是真的，接收者也极有可能是怀疑性地理解它。

影响信息传递的噪音主要有：

（1）信息遗失。

（2）外界干扰。例如，在市场吵闹的环境下，沟通是很难进行的。

（3）物质条件限制。在偏僻遥远、缺乏通信设备的乡村，你自然很难与千里之外的人们沟通。

（4）媒介的不合理选择。例如，在不通过文件等沟通媒介的情况下，仅仅用口头的方式布置一个意义重大、内容庞杂的促销计划，将使实际效果大打折扣。

影响信息接受和理解的噪音主要有：

（1）选择性知觉。由于每个人的心理结构及需求、意向系统各不相同，这些差异将直接影响他们接受信息时知觉的选择性，即每个人都习惯于对某一部分信息敏感，而对另一部分信息“麻木不仁”或“充耳不闻”。事实上，我们对能印证自己推断、论点的信息常表现出高度的兴趣，而对相反的信息漠然视之。正如有的学者指出，我们不是看到事实，而是把我们所看到的进行解释并称之为事实。

（2）信息“过滤”。接收者在接收信息时，往往根据自己的理解和需要对信息加以“过滤”。当一条信息传送下去，每经过一个层次，都有可能产生新的变异。过滤的程度与组织结构的层次和组织文化密切相关。

（3）受信者的译码和理解偏差。由于个人所处社会环境不同，在团队中的角色、地位、阅历也各异，从而对同一信息符号的译码、理解存在差异。即使同一个人，由于接受信息时的心情、氛围不同，也会对同一信息有不同解释。

（4）信息过量。虽然管理人员在作出决策前需要足够的信息，但如果信息量过大，会过犹不及，使管理者无法分清主次，“胡子眉毛一把抓”，或是浪费大量时间，错失良机，使信息沉没于汪洋大海之中。

（5）阶层差别。特别需要强调和说明的是，所处社会阶层的差别会对沟通产生十分重大的影响。

（6）目标差异。企业内各部门的目标差异造成的冲突和互不信任，往往会干扰各部门之间的有效沟通。技术人员与营销人员常常会有意见冲突，前者可能会责怪后者提出一些不切实际的要求，或是不支持技术部的研发工作，而后者则认为前者不能顺应消费趋势潮流的变化。

9. 沟通背景（环境）

沟通总是在一定背景中发生的。任何形式的沟通，都会受各种环境因素的影响。一般认为，对沟通过程发生影响的背景因素主要包括以下几个方面：

（1）心理背景。心理背景指沟通双方的情绪和态度。它包含两个方面的内涵：其一是沟通者的心情、情绪。沟通者处于不同的情绪状态，其沟通意愿和沟通行为是不同的。相比于兴奋、激动状态，处于悲伤、焦虑状态的沟通者沟通意愿不强烈，思维处于相对抑制或混乱状态，编码、译码过程受到干扰。其二是沟通者对沟通对象的态度。如果沟通双方彼此处于敌对关系或关系淡漠，沟通过程则会由于偏见而出现误差，双方都难以准确地理解对方传递的信息。

（2）物理背景。物理背景指沟通发生的场所。特定的物理背景往往形成特定的沟通气氛，在一个千人礼堂演讲与在自己办公室里慷慨陈词，其气氛和沟通过程是大相径庭的。

（3）社会背景。社会背景包括两方面的含义：①沟通双方的社会角色关系。对不同的社会角色关系，有着不同的沟通模式。比如上级可以拍拍你的肩头，告诉你要以厂为家，但你绝不能拍拍他的肩头，告诫他要公而忘私。因为对应于每种社会角色关系，无论是上下级关系，还是朋友关系，人们都有一种特定的预期沟通方式，只有相关沟通在方式上符合这种预期，才有可能人们所接纳。但是，这种社会角色关系也往往成为沟通的障碍，如下级往往对上级投其所好，报喜不报忧等，这就要求上级能主动改变、消除这种角色预期带来的负面影响。②沟通情境中对沟通发生影响，但不直接参与沟通的其他人。例如，配偶在场与否，会影响人们与异性沟通的方式。

（4）文化背景。文化背景指沟通者长期的文化积淀，也是沟通者较稳定的价值取向、思维模式、心理结构的总和。由于它们已转变为我们精神的核心部分而为我们自动保持，是思考、行动的内在依据，因此，人们通常体会不到文化对沟通的影响。但实际上，文化影响着每一个人的沟通过程，影响着沟通的每一个环节。当不同文化发生碰撞、交融时，人们往往会发现这种影响。三资企业和跨国公司的管理人员可能对此深有体会。由于文化背景不同，东西方在沟通方式上存在着较大差异：东方重礼仪、多委婉，西方重独立、多坦率；东方多自我交流、重心领神会，西方少自我交流、重言谈沟通；东方和谐胜于说服，西方说服重于和谐。这些文化差异使得不同文化背景下的管理人员在沟通时遇到不少困难。

二、沟通如何分类

1. 按沟通的组织结构特征，可分为人际沟通和组织沟通

人际沟通是指人们之间的信息交流过程，也就是人们在共同活动中彼此交流各种观念、思想和感情的过程。这种交流主要通过言语、表情、手势、体态以及社会距离等来表示。人际沟通在社会心理现象的形成和发展中起着巨大的作用。无论是个体心理现象还是群体社会心理现象的形成和发展都有赖于人际沟通，所以我们认为人际沟通至少有三方面的功能：①传递信息——通过沟通，人们交流信息、知识、经验、思想和情感；②心理保健——人与人之间的交往是重要的心理需要，正常的人际沟通是心理保健所不可缺少的；③形成和发展社会心理——社会心理正是在人际沟通中形成和发展的。

组织沟通是管理中极为重要的部分。管理者与被管理者之间的有效沟通是所有管理艺术的精髓。美国著名未来学家奈斯比特曾指出："未来竞争是管理的竞争，竞争的焦点在于每个社会组织内部成员之间及其外部组织的有效沟通上。"组织是按一定规则和程序为实现其共同目标而结成的群体，组织目标的实现取决于组织沟通是否顺畅，有效的组织沟通有利于信息在组织内部的充分流动和共享，可以提高组织的工作效率，增强组织决策的科学合理性。

2. 按沟通的方向，可分为上行沟通、下行沟通和平行沟通

上行沟通是指在组织或群体中从较低层次向较高层次传递信息的沟通。它是群体成员向上级提供信息、发表意见和反映情况的沟通方式。如果上行沟通渠道畅通，可使下级员工通过向上级反映自己的意见和愿

望，获得某种心理上的满足；同时也可使领导者及时、准确地掌握下级情况，为作出符合实际的决策和改进管理创造条件。上行沟通是一个组织的领导者了解和掌握组织的全面情况，作出正确决策的重要环节。因此，组织领导者应鼓励下级向上级反映情况，从而确保上行沟通渠道畅通无阻。

下行沟通是指组织或群体中从较高层次向较低层次传递信息的沟通。它是组织的领导者把组织的目标、规章制度、工作程序向下传达的沟通方式。下行沟通可使下级员工明确工作任务、目标，增强责任感和组织归属感，而且可以协调组织各层次的活动，加强各层级间的有效协作。

平行沟通是指组织或群体中各平行机构之间的交流，以及员工之间与管理者之间在工作中的交流或交谈等。平行沟通能够保证部门间的相互通气、相互配合和相互支持，从而减少矛盾和冲突，有利于组织内部各种关系的平衡和稳定。

3. 按照沟通双方是否需要及时的反馈，可分为单向沟通和双向沟通

单向沟通是信息的发出者以命令的形式传递给受众，一方发出信息，另一方接受信息，双方无论在语言上还是情感上都不需要信息反馈。而双向沟通则是指信息的发出者以协商和讨论的姿态面对接受者，信息发出后与受信者还要进行多次的重复商议交流，直到双方满意为止。单向沟通和双向沟通各有利弊，主要表现在：

（1）单向沟通多以命令的方式进行，因此在传递速度上比双向沟通迅速快捷。

（2）单向沟通在传播信息上没有反馈，通过单向沟通所得到的信息往往准确性不够；而双向沟通中信息接受者与发送者之间有反馈机会，可以重复讨论多次，易于准确地把握信息。

（3）单向沟通形式比较呆板，容易使受众产生对立情绪，而双向沟通形式比较灵活自由，容易使受众产生平等感和参与感，因而有利于双方相互理解和建立融洽的人际交往关系。

（4）对信息传递者来说，双向沟通要比单向沟通承受的压力大。完整无缺的沟通过程必定包括信息的成功传送与反馈。没有反馈的沟通过程容易出现沟通失误或失败。但反馈并非总是自觉发生，也不总是一次性可以完成。如果发送者没有要求反馈，或受信者认为信息已经被自己完全理解，没有必要反馈，或受信者由于各种原因不愿意进行反馈，那么反馈往往不会发生。此外，由于各种因素的限制，信息的传递和反馈不一定一次就能成功，这就需要传递与反馈反复进行，直到信息完整无误地传抵。

4. 按信息沟通时所采用的媒介，可分为口头沟通和书面沟通

口头沟通是指以口头语言为媒介的沟通，例如演讲、口头汇报等是人际沟通中最常用的一种形式。人们借助口头语言的表达方式彼此传递着不同的信息、情感和思想。口头沟通的优点是信息发送和反馈快捷、及时，其缺点是信息传递经过的中间环节越多，信息被曲解的可能性就越大。

书面沟通与口头沟通都属于语言沟通，但书面沟通更加规范、正式和完整。书面沟通是以书面文字为媒介的沟通，例如通知、文件、备忘录等。在组织和群体正式的、比较规范的沟通中通常用书面沟通。书面沟通的优点是：沟通的内容具体化、直观化；沟通信息能够被永远保存，便于查询。其缺点是花费大量时间，缺乏及时的反馈，而且不能保证接收者完全正确地理解信息。

5. 按照沟通者所处背景的差异划，可分为个人间的沟通、团体沟通、跨文化沟通

所谓个人间的沟通，是指两人之间的沟通。其常用的方式有当面沟通、电话沟通和书面沟通。当面沟通是一种自然、亲近的沟通方式，这种沟通方式往往能加深彼此之间的友谊，加速问题的解决。若沟通双方距离不是很远，当面沟通是首选的沟通方式。随着科学技术的进步，远距离不再是沟通障碍，电话、QQ、E-mail（书面）为实现远距离沟通

提供了可能。但需要特别指出的是：个体之间沟通时，应尽量多采用当面沟通的方式。

团体沟通是组织中常用的沟通形式，是至少三人参加的信息沟通活动。会议是团体进行沟通的主要方式，这是一种成本相对较高的沟通方式，沟通的时间也较长，但它能够解决重大、复杂的问题。

跨文化沟通是指来自不同文化背景、具有不同文化感知和符号系统的人们相互间进行交流、沟通的一种情境。主要的沟通形式包括国际交往与国内交往。与一般沟通相比，跨文化沟通难度较大，因为沟通主体存在着文化上的差异，如语言障碍、思维方式迥异、风俗习惯差异等，这些差异易造成沟通过程中信息发生曲解、删减、修改，从而导致沟通的失败。

【案例 1－1】

总统不“OK”

尼克松访问巴西时，在巴西首都机场上演了下面一幕：尼克松面带笑容走下飞机，面对巴西人民和世界媒体，高举双手，打着“ok”手势向大家打招呼，还不断前后摇摆，就像他赢得竞选一般。这是尼克松最喜欢的手势，也是他的代表手势，这一手势在美国文化里代表胜利和友好，然而在巴西就不然了，在巴西这是最下流的手势。第二天，巴西所有媒体的头条都是尼克松这一手势的相片，而且毫不客气地批评尼克松不尊重巴西人民。

【案例分析】

在这个案例中，尼克松这一错误所造成的影响是不言而喻的。尼克松的本意是好的，可是用错了环境。因此，沟通必须注意周围的环境、文化的不同、风俗的差异等，只有注重这些细节，才不会造成信息的表达错误，使沟通能够有效地进行。

第二章　沟通信息与媒介

一、沟通信息如何组织

1. 沟通中如何进行听众分析

沟通是人与人之间的双向交流活动。发信者是信息的传播者，听众（受信者）是信息的接收者。如果离开了听众，沟通就失去了对象，沟通活动就无法进行。在沟通中，发信者需要了解听众的心理、要求、希望以及对你所讲观点的态度。同时，听众应是具有主观能动性的积极参与者，而绝不是被动的“接收器”。如果听众对沟通内容有极大兴趣，便会采取积极、热情的合作态度；反之，则会采取冷漠甚至敌视的态度，沟通就不会成功。因此，发信者只有在了解听众的基础上力求触发听众的兴奋点，才能实现沟通目标。这就需要进行听众分析，了解和掌握听众是谁、对沟通的内容知道多少、可能对什么感兴趣、拥有什么样的态度和信念等。如何进行听众分析呢？一般可以从下列关键问题开始。

问题1：听众（受信者）是谁

听众可以分为主要听众和次要听众。主要听众包括主要决策者、需要获取他们的支持来实施计划的人；次要听众包括将受你的计划影响及长期以来可能对决策者有一定影响的人。在沟通中，我们需要获得主要听众的支持，减少次要听众的忧虑。

【案例 2－1】

推销梳子

有一个公司招聘业务员，由于该公司待遇很好，所以很多人前来面试。经理为了考验他们，让他们用一天的时间去推销梳子，并且是向和尚推销。很多人都说这是不可能的，因为和尚是没有头发的，怎么可能向他们推销？于是很多人放弃了这个机会，但是有三个人愿意试试。第三天，他们回来了。

第一个人卖了1 把梳子，他对经理说："我看到一个小和尚，头上生了很多疮，很痒，在那里用手抓。我就骗他说抓头不如用梳子抓，于是我就卖出了一把。"

第二个人卖了 10 把梳子。他对经理说："我找到庙里的住持，对他说如果上山礼佛的人的头发被山风吹乱了，就表示对佛不尊敬，是一种罪过，假如在每个佛像前摆一把梳子，游客来了梳完头再拜佛就更好！于是我卖了 10 把梳子。"

第三个人卖了 3 000 把梳子！他对经理说："我到了最大的寺庙里，直接跟方丈讲，你想不想增加香火钱？方丈说想。我就告诉他，在寺庙最繁华的地方贴上标语——捐钱有礼物拿。什么礼物呢，一把功德梳。这个梳子有个特点，即一定要在人多的地方梳头，这样就能梳去晦气，梳来运气。于是很多人捐钱得到梳子后就梳头，这又使很多人去捐钱。于是我一下子就卖出了 3 000 把。”

【案例分析】

在这个案例中，销售对象是和尚，当然和尚有层级之分：一般的和尚、住持和方丈。销售的目标应该是使卖出梳子的数量最大化，即经理出这个难题，是要考核谁卖的梳子最多，卖出梳子的数量是结果，如何卖是过程。因此，推销员首先要弄清楚推销的目标，选择沟通对象，然后再根据沟通对象的显在或潜在需求，从增加对方价值的角度组织沟通内容。

看看三个推销员的表现：第一个推销员找到一个头上有疮的和尚，抓住和尚头痒的需求，成功推销了 1 把梳子；第二个推销员找到住持，抓住住持对佛的尊敬心理，成功推销了 10 把梳子；第三个推销员直接找到方丈，了解方丈想增加香火钱的需求后，为方丈设计了一个行之有效的方案，成功推销了3 000把梳子。因此，从三个推销员的推销过程及结果来看，根据沟通目标，选择沟通对象是第一步，再根据沟通对象选择沟通内容是关键。

问题 2：我与听众之间的关系如何

当你向听众倡议一个有力的观点时，你必须使你阐述的内容与你们之间关系的现状相吻合。听众越是感到他对某一决策起了作用，他就越有可能在执行中采取合作态度。不管你认为你的观点多么有力，如果你得不到听众的支持，你是不会成功的。

下面这些经验规则可供沟通者参考：

①当你完全拥有必要的权威和信息时用“告知”的风格。

②当你拥有一定的信息，但你的听众拥有最后决策权时，使用

"推销"的风格。

③当你们试图对某一行动步骤达成共识时，使用"咨询"的风格。

④当你的观点是众多人的观点时，使用"联合"的风格。

问题3：听众的态度如何

不同的听众有不同的态度，听众的态度可分为积极、消极、中立。

①积极的听众。这些听众对你的沟通内容表现出理解、认可或赞许的态度。他们需要被激发并被告知行动计划，你需要让他们知道他们的重要性及他们能帮你什么，尽你所能地使他们的工作容易并享有回报。

②消极的听众。这些听众对你沟通的内容表现出不理解、怀疑或不屑一顾的态度，但通过表明你理解他们的观点，并解释为什么你仍相信你的计划，有可能使他们变为中立。

③中立的听众。这些听众对你的沟通内容表现出模棱两可、摇摆不定的态度。中立的听众相较于消极的听众容易受劝，尽力使他们参与活动或者你认为是一种好方法的分析。

问题4：听众知道多少

沟通之前，对于你的每一位听众，你都应问自己以下一些基本问题：

①我应概括哪些熟悉的信息作为自己论证的基础？

②想要听众理解和听从我的建议，还需要进行哪些补充？

③我能否用听众可以理解并能够作出回应的语言来表达？

【案例2-2】

爱因斯坦的相对论

爱因斯坦有一次参加一个晚会，一位老太太跟他说："爱因斯坦先生，你真是了不得啊，得诺贝尔奖了。"爱因斯坦说："哪里，哪里。""爱因斯坦先生，我听说你得诺贝尔奖的那个论文叫什么相对论，相对论是什么东西啊？"什么是相对论呢？问他的是一位70多岁的老太太，爱因斯坦要怎么回答呢？能量等于质量乘以光速的平方，这种相对论的公式她能听懂吗？爱因斯坦灵机一动，马上用比喻的方法告诉她：

“亲爱的太太，当深夜十二点钟，你的女儿还没有回家，你在家里等她，十分钟久不久？”

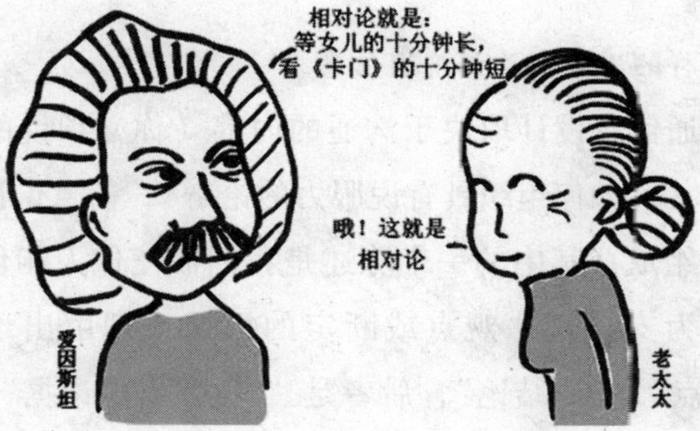

“真是太久了！”

“那么，亲爱的太太，如果你在纽约大都会歌剧院听歌剧《卡门》，十分钟快不快？”

“真是太快了！”

“所以，太太，你看这两个都是十分钟，却相对不同，这就叫做相对论。”

“哦！我明白了！”

【案例分析】

这个案例中的沟通双方是一位科学家和一位 70 多岁的老太太，他们在认识上有很大的差距。面对老太太的提问，爱因斯坦巧妙地应用生活中的简单道理回答了老太太“什么是相对论”这个问题，沟通过程很愉快，效果很好。如果提问者是一位大学生或科研人员，爱因斯坦可能会阐述相对论的基本概念和核心内涵。

问题5：我的建议能引起听众的兴趣或者是为了听众的利益吗？

这个问题是听众分析的核心。分析听众意味着首先分析的是你自己，然后是你的听众，识别出你能满足他们什么兴趣或他们能得到什么益处。可能的益处如同人性一样多种多样，包括获得权威、金钱、尊严与省时、巩固友谊、避免冲突或尴尬、提高地位、使工作更容易、处于赢家的一边等。

2. *以什么样的思路来论证沟通信息*

成功的沟通信息设计取决于沟通的内容（你必须说的事）以及沟通信息的论证（你如何组织具有说服力的论辩）。信息论证由一组（至少两个）陈述组成：其中的一个陈述是我们欲使他人相信的观点或断定，另一些作为支持这一观点或断定的根据或理由出现。前者称为“主张”、“论点”或“结论”，后者是“理由”、“论据”或“前提”。一个论证的基本要素是论点（主张）、论据（理由）和论证方式。论证方式是论据对论点的一种支持关系，这种关系通过某种推理形式来体现。因此，论证方式本质上是推理关系。但是，推理有多种形式，比如演绎推理、归纳推理或合情推理，它们对主张的支持力是不同的。同时，由于论证的理由有多个，而每一理由对论点的支持关系可能不同，所以，在一个论证中有多种推理形式。

假定已做了一个很好的听众分析，那么富有说服力的信息设计取决于逻辑和论据的有效运用。归纳逻辑和演绎逻辑是运用较多的两种逻辑论证方法。

（1）归纳逻辑，即归纳法或归纳推理。论证的前提，支持结论但不能确保结论完全正确。它把特性或关系归结到特殊的、有代表性的、有限观察的类型，或用公式表达基于反复再现的、现象的、模式的、有限观察的规律。例如：

“在击打球杆的时候弹子球移动。”

归纳逻辑推断出普遍的命题：“对于所有动作，都有相同和相反的重做动作。”

“冰是冷的。”

归纳逻辑推断出普遍的命题：“所有冰都是冷的”或“在高温下没有冰”。

归纳逻辑以研究从个别或特殊到一般的推理和证明为主要内容。归纳逻辑这种研究方法要求研究者将所有的证据收集起来，然后找出最简单的解释或结论。

（2）演绎逻辑。从普遍性结论或一般性事理推导出个别性结论的论证方法。在演绎论证中，普遍性结论是依据，而个别性结论是论点。它反映了论据与论点之间由一般到个别的逻辑关系。演绎推理的主要形式是三段论，即大前提、小前提和结论。大前提是一般事理，小前提是论证的个别事物，结论就是论点。用演绎法进行论证，必须符合演绎推理的形式。运用演绎推理时，所根据的一般原理大前提必须正确，而且要和结论有必然的联系，不能有丝毫的牵强或脱节，否则会使人对结论的正确性产生怀疑。

在个人以及商务对话中，人们倾向于强调“大前提”（我们有一个问题，我们同意下列事实）和“结论”（我们必须采取下列步骤）。一般我们在“小前提”（为什么我们必须采取我所建议的行动步骤）方面做得很失败。

3. 理性表达与感性表达有何不同

在沟通中，究竟是理性表达，还是感性表达，需要考虑沟通的内容以及沟通的对象。理性表达是试图通过影响听众的逻辑、认知过程而形成或改变其观点和态度，使听众从中获得特性、原理、利弊等信息。理性表达的效果与听众或受信者的特性息息相关，如果受信者的理论水平较高，或者对所表达的信息感兴趣，可以满足受信者的某种需要，用理性表达效果较好。

感性表达是试图直接作用于听众的情绪和情感，例如喜悦、恐惧、爱、尊敬等，使听众形成或接受某些观念和态度，从而获得感性认知和情绪体验，它能将沟通信息无形地注入受信者的意识中，潜移默化地产生作用。人们有各种各样的心理需要，在沟通中激发人们的各种情感因素有利于达到沟通的目的。心理学研究发现，伴随一定活动的任何愉快情绪体验，都能会使这种活动巩固下来，而令人不快的情绪体验则会使这种活动削弱或受到抑制。这是人的行为的强化规律。因此，在沟通中适当地使用幽默或者带有感情色彩的身体语言（微笑、激动、点头等）对沟通会产生积极的作用。

理性表达和感性表达并不是相对独立的，在沟通中综合运用理性表达和感性表达效果会更好。例如，在许多沟通中，具有感情色彩的开头可以使受信者对接下来的理性表达产生兴趣，并集中注意力，沟通结束时用感性表达能起到号召、强化的作用，使受信者对前面的理性表达加深印象，甚至回味无穷。

【案例2－3】

御温泉情感化服务沟通

1998年珠海御温泉度假村在珠海市斗门镇正式开业，从此兴起了一个新的温泉旅游产业。作为这个产业的领跑者，经过十多年的发展，御温泉得到了广大消费者的认可，成为这个行业的标杆，先后被授予“广东省用户满意服务单位”、“全国用户满意服务单位”、“国家旅游服务诚信单位”等称号。创业者和高层管理团队在长期实践中积累的经营理念、做事风格、实践经验形成了独特的企业文化。御温泉的文化可以用八个字概括：“情字风格，御式服务。”请见以下场景：

场景1：泡完温泉，回到客房部，服务员亲切地与客人打招呼：“您好！您回家啦！”

场景2：在客人离开御温泉时，御温泉的员工挥动他们的手臂欢送客人，一直到客人消失在视线外。

场景3：服务员给客人送东西到房间时是这样问的：“有人在家吗?”

场景4：房间号用客人的姓氏表示，例如“王府”。

御温泉每个月都会进行一次情感化事例评比活动，全公司员工都可以参加，讲述自己为客人情感化服务的事例。公司对评比出的优秀情感化事例予以奖励并在全公司员工中宣传。

注：案例来自《东方服务》。

【案例分析】

御温泉的“情字风格、御式服务”体现在员工一句简单的问候和招呼上，例如，“您好！您回家啦！”这是亲人般的问候，员工把客人当做自家人，客人在御温泉就像在自己家里一样。御温泉的服务沟通中渗透了员工对客人的关心和问候，充满了亲切感，使沟通中的感情色彩得到彰显，因而让客人感觉到归家般的温馨与帝皇般的尊贵。

二、采用什么样的方式与策略来叙述信息

1. 选择具有说服力的叙述方式

在沟通过程中，沟通者在说话时的叙述方式对沟通是否有效起着重要作用。要让对方接受沟通，在表达时叙述方式要具有逻辑性、说服力和感染力。从听众的需要出发，设计叙述方式有以下方法：

（1）“支持—反对”与“反对—支持”的顺序。

假如沟通者处于一个必须说服对方的境况，就需要决定是先论证建议，还是就这个建议的反对观点作出回应。正如我们在听众分析中所论述的那样，支持及中立的听众首先想听到支持的论证（虽然他们确信你已考虑过反面意见），而怀疑或有敌意的听众在他们的忧虑被考虑之前是不会注意你的积极论证的。不论哪一种方式，通过肯定反对者论证的正确之处，同时又指出其不足，并对其错误之处进行反驳，会使你在听众中的可信度得到提高。

（2）一面陈述与两面陈述。

一个支持或中立的听众常常会对你简单陈述的情况作出很好的回应，但如果你的想法与他人的想法发生冲突时，你需要采取两方面的方法让你的听众参与讨论。比如说，你要说服客户买 A 房子而不买 B 房子，你只说 A 房子的优点是不够的，如果你要成功说服客户的话就必须把 A、B 房子做对比，用反方论证来支持你的论据。

（3）演绎与归纳推理顺序。

在演绎推理论证中，大前提是一个一般的前提，比如“我们需要一个更安全的工作场所”。在归纳论证中，大前提是一系列事实和数字：“有证据表明我们比我们的竞争对手遭受的现场事故更多，如……”演绎论证采取的模式是先提出主张后提供论据，归纳论证采取的模式是先提供论据后提出主张。

在沟通中，归纳论证的方式可能没有演绎论证的方式运用得普遍，但先提出一系列主张可使人有耳目一新之感。一开始引用论据显示了对听众的尊敬，并能引导他们沿着你推导结论的方向走。但在你运用归纳论证的方法时，不要让你的听众对你将要做的事一无所知，否则他们可能跟不上你的思路。

（4）上升与下降的顺序。

在沟通中，应考虑听众最关切的是什么，根据听众的关切度安排沟通顺序。上升顺序是把你最有力的论点放在最后，下降顺序则是把它放在开头。

综合上述分析，对不同听众的态度，可采取相应的叙述方式，见下表：

	听众的态度	相应的叙述方式
1	感兴趣的	一面陈述
2	不感兴趣的	两面陈述
3	支持的	支持—反对
4	敌对的	反对—支持
5	熟悉的	演绎的、下降的叙述
6	不熟悉的	归纳的、上升的叙述

2. 叙述的策略

（1）开始的策略：引起注意。

个人间的对话交流、大小型的演讲等沟通情形，沟通的开始都需要引起对方的注意，也就是把对方的注意力转移到自己的话语当中。究竟如何才能使沟通有个好的开始而且能够继续下去呢？

①以恰当的比喻开始。

一个恰当的比喻既可以避免烦冗枯燥的文字表述，使受信者专注于你的叙述，又可以巧妙地衔接将要谈及的问题。要做到这一点，首先要依靠所表达内容的丰富、深刻；其次要见解精辟，发人深省；另外，语言表达要形象、生动，富有感染力。如果语言平淡无味，毫无新意，即使表述内容丰富，见解精辟，效果也不会好，甚至适得其反。

②表明与听众存在至关重要的利益关系。

沟通是有目的的，在沟通一开始就有必要说出你的目的，以及这一目的与听众的关系。让听众知道即将沟通的信息对自己的利益是至关重要的。例如，销售部经理召开部门全体员工会议，这些销售员从全国各地赶回来，聚在一起有些兴奋，会场唧唧喳喳，彼此间似乎有很多话讲不完。销售经理的讲话是这样开头的："今天我们召开本月度的绩效总结会议，考核在座各位的绩效，考核结果将与各位的薪酬挂钩。"会场很快就安静下来了。

③以新视角解释已为人熟知的信息。

需要讨论或者讲授的问题，多数是被人所阐述、分析、解释、辩论，甚至研究过许多次了，对于这些问题，听众是耳熟能详的了。假若说话者依旧重复市面上炒得沸沸扬扬甚至过时的东西，请问谁有这样的耐心去倾听你所言，所以，人云亦云是一大忌。如何把这些"残羹冷炙"翻炒成一道美味佳肴呢？首先，语言一定要"上口"、"入耳"，意思是说，沟通的语言要口语化，容易表达，力求通俗易懂，不需要听者花费脑力去揣摩句中含义。其次，对于为人熟知的内容，用带有社会合理性与合情性的逆向思维向对方讲述，这种既合乎社会发展观又合乎人性特征的全新视角能带给人耳目一新的刺激，让人有醍醐灌顶、思想升华之感。BEA系统有限公司创始人、主席兼CEO庄思浩先生在清华大学演讲时说："我毫不怀疑这个屋子里的每个人都能出色地承担技术职务，但是我非常希望看到你们取得更高的成就——成为世界前100强公司的CEO，这样你们不仅在中国是出色的，在世界上也同样如此。你们如何来实现呢？我希望我每一次都能有一个秘诀起作用，这样我就去卖秘诀，而不是卖软件，那么10亿美元的年营业额就是小意思了……"

庄先生的这些“秘诀”让本来枯燥乏味的一个IT业演讲会变得耳目一新，听众自然兴趣盎然。最后，沟通态度必须谦逊而不夸张、自信而不张扬，一个优秀的沟通者在这方面的表现是游刃有余、不偏不倚的，既不让人感到其高高在上，又让人对其佩服称赞。

简而言之，好的开始在沟通中犹如画龙点睛、锦上添花，因此，我们需要进行沟通的训练学习，这样才能在沟通中游刃有余、挥洒自如。

（2）展开的策略：保持注意。

当我们的沟通有了一个好的开端，吸引了受信者的注意时，接下来就需要继续使受信者保持注意。使受信者保持注意有许多方法，下面是几种在沟通中常用的方法。

①明确主要观点，确保思路清晰。

在沟通过程中，沟通者需要明确主要观点，不要含糊不清，让受信者做到心中有数。同时，沟通者自己要理清沟通思路，使受信者明确你要沟通的内容的顺序、结构和详略，这会使他们更密切地关注你的沟通信息。

②适当引入故事或案例。

在沟通中，恰当的故事或案例既有利于丰富你要沟通的信息，也有利于保持受信者的注意。

③保留适当的悬念。

虽然平铺直叙有时也能把一件事说清楚，但很难使人留下什么印象，更难以产生吸引力。所以，我们在叙述一件事时，应当想到，可不可以变化一下叙述的顺序？能不能“卖个关子”？可不可以“引而不发”？要不要在什么地方舒缓一下节奏？……总之，在沟通中保持适当的悬念，可以给人一种波澜起伏的感觉，易吸引人的注意。

④例举相关人物以及他们的经历。

在沟通中，受信者对具体的人的认同甚于对抽象信息的认同。有时候，根据沟通的内容，通过某一特定个人的经历来提出建议或描述形势，能给人以深刻的印象。当然，这个具体的人可以是名人或伟人，也可以是沟通者自己，甚至可以是听众当中的某一个。例如，你可以描述你曾怎样抱有与你的听众相同的观点以及导致你改变观点的一系列事件，也可以描述听众中的代表人物或曾经因采纳你的建议而获益的顾客。

上述展开的策略都有助于引导听众的注意力，使他们保持兴趣，并将注意力集中于你想传递的主要信息上。

（3）结束的策略：付诸行动。

在沟通中，常用的结尾方法有归纳法、引文法、反问法等。归纳法是概括整个沟通过程，以强调主要观点；引文法则引用名言警句，升华主题、留下思考空间；反问法是以问句引发听众思考并认同演讲者观点。此外，结尾也可以用表示感谢、展望、鼓舞等的语句，使沟通自然结束，给人留下深刻印象。如何把这些结尾的方法运用得淋漓尽致，需要沟通者施展一些结束的策略。

①坚定而可信地结束论证。

一般的谈话者会不知不觉地使谈话范围涵盖得很广泛，以至于结束时，听众对于他的主要论点究竟在何处感到有点困惑。通常情况下，沟通即将结束时，受信者的注意力会高度集中。因此，在结束阶段，需要清楚表明结论，使沟通效果得到强化。结论应尽量言简意赅。

②尊重听众的时间感。

不管你的沟通多么有趣和有意义，但是时间长了总会让人厌烦，也不管你进行的是演讲还是人际沟通，尊重听众的时间是必要的。尤其在双方约好了沟通时间的前提下，不要超出对方的时间预期，也许对方接下来安排了重要的事情。

③引出教训或寓意。

沟通结束时，应为听众概括出既全面又具有指导意义的结论，点评要有意义，要善于以小见大，以点带面，从个别的现象中发现具有普遍意义的观点，要求有真知灼见，且确实能给人以启发、警醒。同时注意不要把话说尽，讲到不言而喻之处，给听众留下回味的余地。好的结尾，既是一次沟通的终点，又是启发人们思考的起点。这时不要仅限于概括你之前所说的，还要为专心的听众强调重要的结果。

④鼓励随后的行动。

有时候，一次沟通结束时，沟通者需要鼓励受信者采取行动以达到沟通的目的。

【案例 2－4】

触龙是如何成功劝说赵太后的

战国时期，赵国的太后刚刚执掌赵国的政务，就遇上了秦国攻打赵国的大事。赵国向齐国求救，齐国说，必须让赵太后的小儿子长安君来当人质，我们才能发兵救助。许多大臣劝说，赵太后坚决不肯。这时，已经退休的左师触龙前来拜见赵太后。由于触龙资历很老，赵太后收起怒容勉强接见了他。触龙蹒跚地走到赵太后面前，慢慢与赵太后拉家常，根本不谈长安君做人质的事，见太后怒气缓解后，触龙才开始劝说。触龙首先从希望太后为他最小的儿子安排一份皇宫警卫队的工作开始，以男子也会担心子女的前途一事来吸引赵太后的关注；再以当年燕后出嫁，赵太后为之持踵而哭但希望燕后不再回来一事向赵太后晓之以理："我认为您为燕后想的比为长安君远，女儿远嫁了，你非常思念，但您希望她千万不要回来。您这是为了她的未来考虑，希望她在那里生个儿子继承王位。现在你封给长安君尊贵的王位，封给他许多肥沃的土地，又给了他很大的权力，使他没有功劳却得到了很尊贵的权势，没有功劳享受着很丰厚的待遇。一旦您百年之后，他靠什么来执掌赵国的政权呢？不如让他为国立功。"赵太后听了触龙这一番劝说，觉得很有道理，于是同意长安君去齐国做人质。

【案例分析】

从触龙的整个叙述结构来看，由于他知道太后对长安君去当人质很反感，所以，他没在一开始就单刀直入，而是用拉家常的方式，与太后讨论儿女的问题，使太后对他消除戒心。然后，他由自己儿子的未来谈到太后十分疼爱的小儿子的未来，推心置腹使太后对他所说的话感兴趣。接着，触龙借机引出他的观点："父母爱孩子，就要为他们长远的前途考虑和谋划。"再用太后对女儿与儿子的不同做法，从正反两个方面来劝说，使太后信服他的观点。在触龙展开叙述的策略中，他先吸引太后的注意力，在适当的时候引出鲜明的观点，再配以丰富而有说服力的论证内容，采用正反对比的论证手法，使整个劝说过程情理交融，很有说服力。

最后，他帮太后分析了现在封给长安君王位、土地、权力等都不如让长安君为国家立功，这是为长安君的未来着想。触龙有自己的真知灼见，以小见大、以点带面，从个别的现象中发现具有普遍意义的观点，在很大程度上给了太后启发、警醒。而且，触龙在最后的叙说中，采用了不把话说尽的技巧，给太后留下回味和思考的余地。

三、如何理解沟通媒介

1. 什么是沟通媒介

沟通媒介是沟通的中间介质，是人们传递信息和获得信息的重要途径。沟通媒介伴随沟通而出现，自从有了人类就有了沟通，也有了沟通的媒介。在原始社会阶段，语言作为沟通媒介而出现；进入农业社会，文字又成为重要的沟通媒介；到了工业社会，除了语言和文字，电报、电话、广播、电视等媒介相继出现，沟通媒介逐渐丰富；步入信息时代后，沟通媒介更加广泛，计算机、通信、网络等现代沟通媒介迅速深入人们的工作和生活中，例如移动通信、电子邮件、视频会议等。

2. 沟通媒介分哪几类

（1）按沟通媒介产生的时间划分，可分为传统的沟通媒介和新的媒介。

传统的沟通媒介包括口头语言、肢体语言、报纸、杂志、书信、电话、广播和电视等。

新的沟通媒介包括广告、网络、计算机、移动通信等。

（2）按沟通媒介传递信息的清晰程度划分，可分为“热媒介”和“冷媒介”。

这是麦克卢汉在媒介分类中提出的两个概念。

“热媒介”传递的信息比较清晰明确，接收者不需要动用太多的感官和思维活动就能理解。

“冷媒介”传递的信息少而模糊，在理解之际需要比“热媒介”更多的感官和思维活动的配合。

（3）依据媒介使用目的和使用范围将众多媒介归类于三个传播领

域：人际领域、广播领域以及文献领域。

3. 沟通媒介的未来趋势是什么

随着计算机信息技术、多媒体技术和移动通信技术的发展，沟通媒介的发展可谓日新月异，印刷品、广播、电视、固定电话、书信等似乎不再是沟通媒介的主流，超媒体、电子邮件、手机、网络文学、电子报、网络论坛等沟通形式不断涌现，尤其是网络技术与移动通信技术的结合，使沟通媒介在信息时代日益多元化并日渐成为主流。

网络快捷、便利的特点使它成为人类社会有史以来发展最快的传播媒介。网络的大众化、低成本和无限扩展性打破了传统媒介的一些界限，从而带来了一种全新的传播理念。它打破了区域界限、时间界限、传播方式的界限、互动界限、信息量的界限、传播成本的界限，能够迅速传播海量信息，承载各类信息资源，成为多种学科和技术的综合体，大大改变了人们以往的生活方式，使人们足不出户就可以尽知天下事。

但是，网络就像一把双刃剑，正如网络专家所言："网络既是一个聪明能干的孩子，又是一个身体脆弱的孩子。"由于网络的传输速度和范围都大大优于传统的传播媒体，并且信息的真伪辨别、信息的控制等难度大，因此，网络攻击、信息污染等侵害性沟通与传播在所难免。另外，网络在为我们提供便捷的信息服务的同时，也对我们的精神带来一定伤害。由于人们的网上交流（无论是一对一的还是一对多的交流）缺乏面对面的情感提示，导致网民交往技术的缺乏和人际关系的淡漠，造成他们内心孤独，由此引发"网络狂躁症"、"网络孤独症"等心理疾病。

大众传播媒介发展的一个趋势是：满足需求的功能超出了指导性功能，即沟通媒介着重于功能的多元化、获取途径的便捷性和成本的超低化，而忽略了信息的质量及有效性，在一定程度上导致信息的膨胀和垃圾化。这方面的缺陷是未来的沟通媒介应该予以重视和克服的。

【案例 2－5】

Motorola 的"Open Door"

在 Motorola 公司，每一个 Motorola 的高级管理层都被要求与普通操作员工建立介乎于同志和兄妹之间的关系——在人格上千方百计地保持平等。"对人保持不变的尊重"是公司的个性。

Motorola 的管理者们为每一个下层的被管理者预备了十一条这种"Open Door"式表达意见和发泄怨气的途径：①I Recommend（我建议）；②Speak Out（畅所欲言）；③G. M. Dialogue（总经理座谈会）；④Newspaper and Magazines（报纸与杂志）；⑤DBS（每日简报）；⑥Townhall Meeting（员工大会）；⑦Education Day（教育日）；⑧Notice Board（墙报）；⑨Hot Line（热线电话）；⑩ESC（职工委员会）；⑪589 Mail Box（589 信箱）。

【案例分析】

在 Motorola 公司，沟通的方式多样，从视听到一对一、面对面的交谈，可谓全方位沟通。另外，同一条信息可以从不同的渠道得到，信息的反馈也可以通过不同的渠道及时送抵。他们充分运用了传统和现代的沟通媒介，取得了良好的效果，从而使公司上下沟通顺畅。

第三章　沟通哲学

一、以“仁”为本的沟通哲学

孔子曾经主张以“仁”为核心的人本交往思想。“仁”是孔子学说的中心思想，也是他的人本交往思想的核心。孔子对“仁”的界定中，最重要的有两条：一是“仁者爱人”；二是“克己复礼为仁”。前者是以仁待人，后者是以仁律己。孔子认为：“只有做到了‘格物致知、诚意正心’，才算是一个真正具有‘德’的人，才能‘修己安人’。”我们从孔子的思想可以看出：“仁”是爱心、真诚等高尚品德的前提和基础。

郭沫若认为：“克己而为人是一种利他的行为……是牺牲自己为大众服务的精神……是相当高尚的人道主义。”

李嘉诚说：“你必须以诚待人，别人才会以诚相报。”

因此，沟通者要想使沟通成功，首先要做到真诚、务实，充满爱心，只有这样才能让对方愿意与你沟通，而且以诚意、爱心相回报。

【案例3－1】

小王的就职演说

H公司里某部门的经理职位出现空缺。部门里全是一等一的人才，大家争得头破血流时，居然来了个“空降兵”，其他部门的小王被调来担任新的经理。

小王上任那天，大家摩拳擦掌，准备给小王一点颜色。“凭什么让一个外行人来领导我们。”几个原来争权的主管，居然团结在一起。在就职演说时，小王笑着深深一鞠躬后就开始致辞了：“在下能到这里来，要感谢大家。因为这里的能人太多，据说升谁当经理，都是一种不公平。所以按照公司以往的惯例，找我这么一个有傻福的傻人来。”哄起一团笑声。

小王继续说：“傻人就像蜡烛的芯，看起来最亮，又在蜡烛的最高点、最中心。其实啊！他最惨，他被烧得焦黑，你们看看，我这么瘦，能烧几下啊？”大家又笑了。

小王再一次鞠躬并说到：“最重要的是蜡烛芯自己不能燃烧，全靠四周的蜡油。所以，拜托！拜托！各位先生，我全靠你们了，请大家帮忙，别让我给烧焦了！”

一屋人都笑弯了腰，把要修理小王的事全忘了。

【案例分析】

小王空降出任部门经理，主管们由于不满，想给小王一点颜色看看。小王在处理这件事上做得非常好，他在就职会上没有大谈自己的运营思路，也没有过多介绍自己的能力，因为他知道这样只会增加那些主管的不满。他很坦诚地道出自己的难处，并真诚请求大家支持。所有原本要修理小王的主管，都被小王的坦诚给感染了。而且小王在沟通中巧妙地应用了幽默的沟通技巧，使沟通气氛变得非常融洽。

【案例 3－2】

只有 1 万英镑

在英国，有位孤独的老人，无儿无女又体弱多病，他决定搬到养老院去。老人宣布出售他漂亮的住宅，购买者闻讯蜂拥而至。住宅底价 8

万英镑，但人们很快就将它炒到了10万英镑，并且价格还在不断攀升。老人深陷在沙发里，满目忧郁。是的，要不是健康情形不佳，他是不会卖掉这栋陪他度过大半生的住宅的。

一个衣着朴素的青年来到老人眼前，弯下腰低声说："先生，我也好想买这栋住宅，可我只有1万英镑。但是，如果您把住宅卖给我，我保证会让您依旧生活在这里，和我一起喝茶、读报、散步，天天都快快乐乐的——相信我，我会用整颗心来照顾您！"

老人颔首微笑，把住宅以1万英镑的价格卖给了他。

【案例分析】

在这个案例中，老人并不想离开陪他度过大半生的住宅，主要是因为无儿无女，体弱多病，不得已才决定卖掉住宅去养老院。只有1万英镑的青年买到老人价值10万英镑左右的住宅，凭的就是这个青年的真诚以及对老人的关爱之心。

二、以"和"为贵的沟通哲学

以"和"为贵是中华民族的优良美德。所谓"和"是把不同的事物结合起来，使之达到平衡、和谐、统一。孔子在《论语·子路》中指出："君子和而不同，小人同而不和。"孔子首次将君子和小人的"和"严格区分开来，也将"和"与"同"的概念严格区分开来，"同"是指无差别的绝对等同。孔子主张的"和"不是否认矛盾、消除矛盾，而是追求对立的统一协调，是一种理想的稳定状态。孔子还主张"君子群而不党"，即主张"四海之内皆兄弟"，不拉山头，不搞小集团，形成大同。

同时，"和"具有强大的力量。所谓"天时不如地利，地利不如人和"即强调了"人和"的作用要远大于天时和地利。《荀子·王霸》中这样描述："和则一，一则多力，多力则强，强则胜物。"可见"和"不仅使人们和睦相处，还能克天制胜，力量无穷。

在我们日常生活和工作中，难免会遇到一些冲突、误会或障碍，这时需要用"和"的沟通哲学来化解这些误会和障碍。

在我们的沟通中，只要我们有以"和"为贵的理念，不管是彼此间的误会、冲突，还是不必要的疑虑或者是满腹的牢骚，都可以化解或消除。"和"的沟通哲学有利于我们快乐沟通，打开彼此心灵的锁，故"和"是快乐沟通的前提。

【案例3－3】

老张的牢骚哪里去了

老张要去找总经理抗争。"我们虽然是工友，但也是人，怎么能动不动就加班，连个慰问都没有？年终奖金也没几文。"老张出发之前，义愤填膺地对同事说："我要好好训训那个自以为是的总经理。"

"我是老张。"老张对总经理的秘书说，"我约好了总经理的。"

"是的、是的。总经理在等您，不过不巧，有位同事临时有急件送进去，麻烦您稍等一下。"秘书客气地把老张请到会客室，请老张坐下，又满脸笑容地说：“您是喝咖啡还是喝茶?”

“我什么都不喝。”老张小心地坐进大沙发。

“总经理特别交代，如果您喝茶，一定要泡上好的龙井。”

“那就茶吧!”

不一会儿，秘书端进连着托盘的盖碗茶，又送上一碟小点心：“您慢用，总经理马上出来。”

“我是老张。”老张接过茶，抬头盯着秘书，“你没弄错吧！我是工友老张。”

“当然没弄错，您是公司的元老，老同事了，总经理常说你们最辛苦了，别的工友加班到九点，你们得忙到十点，心里实在过意不去。”

正说着，总经理已经大跨步地走出来，跟老张握手：

“听说您有急事?”

“也……也……也……其实也没什么，几位工友同事叫我来看看您……”不知为什么，老张憋的那一肚子不吐不快的怨气，一下子全不见了。他临走时还不断对总经理说：“您辛苦，您辛苦，大家都辛苦，打扰了!”

【案例分析】

在这个案例中，老张本来是带着满腹牢骚去找总经理抗争的，结果不仅没有抗争，而且一肚子的怨气全消了。总经理究竟使了什么“魔法”？首先，总经理的秘书表现得很好，先是将老张请到会客室，然后又是倒茶，又是上点心，还说总经理特别交代要上好茶，让老张有些意外，还以为是秘书给弄错了呢。秘书还借用总经理的表扬来肯定老张的辛勤工作，为总经理的出场做好了铺垫。另外，总经理的两个动作也让老张感动：一个动作是大跨步地走出来，另一个动作是主动跟老张握手。总经理的诚意让这场差一点就上演的员工抗争变成了一场和谐的沟通。

【案例3－4】

35次紧急电话

一天下午，日本东京奥达克余百货公司的售货员彬彬有礼地接待了一位来买唱机的美国女顾客。售货员为她挑选了一台未启封的“索尼”牌唱机。事后，售货员清理商品时发现，自己竟然错将一个空心唱机货样卖给了那位美国女顾客。售货员立即向公司警卫报告。警卫四处寻找那位女顾客，但不见其踪影。经理接到报告后，觉得此事关乎顾客利益和公司信誉，非同小可，于是马上召集有关人员商量对策。当时只知道那位女顾客叫基泰丝，是一位美国记者，还有她留下的一张“美国快递公司”的名片。根据仅有的线索，奥达克余公司公关部连夜开始了一连串接近于大海捞针的寻找。先是打电话向东京各大旅馆查询，毫无结果。后来又打国际长途向纽约的“美国快递公司”总部查询。深夜接到电话，得知基泰丝父母在美国的电话号码。接着又给美国挂国际长途，找到了基泰丝的父母，进而打听到基泰丝在东京的地址和电话号码。几个人忙了一夜，总共打了35个紧急电话。

第二天一早，奥达克余公司给基泰丝打电话道了歉。几十分钟后，奥达克余公司的副经理和提着大皮箱的公关人员乘着一辆小轿车赶到基泰丝的住处。两人进了客厅，见到基泰丝就深深鞠躬，表示歉意。除了送来一台新的合格的“索尼”唱机外，还加送了著名歌星唱片一张、蛋糕一盒、毛巾一套。接着副经理打开记事簿，宣读了公司怎样通宵达旦地查询基泰丝的住址及电话号码，以及及时纠正这一失误的全部记录。

基泰丝深受感动，她坦率地陈述了买这台唱机是准备作为见面礼送给东京的外婆的。回到住所后，她打开唱机试用时发现唱机没有装机芯，根本不能用。当时，她火冒三丈，觉得自己上当受骗了，当晚立即写了一篇题为《笑脸背后的真面目》的批评稿，准备第二天一早就到奥达克余公司兴师问罪。没想到奥达克余公司纠正失误如同救火，为了一台唱机花费了这么多的精力。这些做法使基泰丝深为敬佩，她撕掉了批评稿，重写了一篇题为《35 次紧急电话》的特稿。《35 次紧急电话》见报后，反响强烈，奥达克余公司因一心为顾客而声名鹊起，门庭若市。后来，这个故事被美国公共关系协会推荐为全球公共关系的典型案例。

【案例分析】

在这个案例中，奥达克余公司把顾客的利益放在第一位，不惜任何代价连夜组织人员寻找顾客，在得知顾客地址后，先电话道歉，再上门道歉并送上新的合格产品和一些礼品。作为顾客的基泰丝被奥达克余公司这种对待顾客的真诚所深深打动，而且基泰丝将准备兴师问罪的批评稿撕掉，重写了一篇表扬奥达克余公司的特稿。

三、以“共赢”为目标的沟通哲学

当我们试图通过沟通解决某个问题时，我们没有必要过分强调这件事对自己如何重要，这会让对方觉得你很自私；也没必要鼓吹这件事一定会给对方带来多少好处，这会让对方觉得你很虚伪。如果我们清楚这个问题不解决会对彼此有什么不利的地方，这个问题解决了会对彼此有什么好处，那么双方意见就很容易达成一致。因此，有效沟通的结果一定是指向共赢的，只有共赢的沟通才是沟通者所期盼的。通过下面的案例，我们一起来分享沟通中的共赢理念。

【案例3－5】

大家当老板

有家工厂要倒闭了，几百个工人即将失业，他们不但拿不到遣散费，连工厂拖欠的工资也拿不到几文。工人们齐聚在厂长办公室的门口抗议，要工厂拿出解决的办法。

“工厂就在大家的眼前。”厂长说，“你们都看到了，也看到过去两年生产的情况。现在即使把工厂拍卖，只怕也没人买。就算卖掉，得先还银行贷款，大家也分不到几文。”

怎么办呢？是把厂长绑起来？把厂里的电脑、冷气机抢回家？把工厂烧了泄愤，然后被警方逮捕坐牢？还是冷静善后？

厂长用了聪明的方法。他说：“工厂是大家的。工厂欠大家钱，你们人人都是老板。现在我们组成专案委员会，把工厂按比例分给大家，大家都是股东、都是老板。少拿点薪水，努力工作，撑几个月看看。赚了，是大家的；赔了，再关门也不迟。”

工人们想想，现在把工厂砸了，什么也拿不到，不如自己当老板，继续做做看。半年下来，因为人人觉得是在为自己做事，特别卖力，居然让工厂起死回生，愈来愈兴旺，不但还了债，而且扩大了规模。

【案例分析】

在这个案例中，如果这位厂长跟员工正面冲突起来，一定会两败俱伤。但是厂长没这么做，因为他知道同舟共济、合作共赢的道理。首先，他敞开自己的胸怀，坦然面对大家，说出自己的问题和困难，也向大家表明卖掉工厂是下策，对大家没有好处，让大家明白同舟共济的道理。然后，厂长提出把工厂分给大家，让大家成为工厂的主人，由大家共同决定这个工厂的前途，当然也是每个人的前途。工人们权衡利弊，尝试自己当回老板，居然让这个工厂起死回生。这个厂长之所以能把原来抗议的工友变成患难与共的朋友，而且挽救了工厂，是因为他在沟通中考虑到了共赢。

第四章　沟通中应遵循哪些原则

沟通原则是沟通实践所依据的法则或标准，也是指导沟通技巧的一种理念。沟通中我们应遵循的主要原则有尊重原则、相容原则、理解原则。

一、尊重原则

1. 尊重原则的内涵是什么

（1）法律上尊重别人。沟通前要认识到无论是穷人还是富人，在法律上是平等的，这是尊重别人的前提。

（2）态度上尊重别人。例如，老师讲课时、同事发言时以及在与他人谈话时，我们都要注意倾听。

（3）行为上尊重别人。例如，学生上课时如果蓬头垢面，不仅有损自己的形象，也是对老师的不尊重。站着和别人交谈时用脚连连点地，与老师、长辈交谈时跷“二郎腿”等都是行为上不尊重别人的表现。

（4）人格上尊重别人。每个人都有自己的人格，而且在人格上都是平等的。尊重别人的人格，首先要尊重差异。

（5）风俗上尊重他人。正所谓入乡随俗，不同民族的文化传统、风俗习惯、价值观念以及宗教信仰等都有一定的差异，但并没有优劣之分，我们每个人都应该尊重对方的习俗。例如，当你到穆斯林家里做客时，你就应该尊重他们不吃猪肉的习俗。

2. 怎样尊重别人

每个人都希望得到别人的充分肯定和尊重。一个不尊重别人的人，是绝不会得到别人的尊重的。那么，怎样才能做到尊重别人呢？

第一，平等地对待每一个人。心理学研究表明，人都有友爱和受尊敬的欲望，而且这种欲望非常强烈。人们渴望自立，成为家庭和社会真正的一员，平等地同他人进行沟通。如果你能以平等的姿态与人沟通，对方就觉得自己受到尊重，会对你产生好感；相反，如果你自觉高人一等、居高临下、盛气凌人地与人沟通，对方会感到自尊受到了伤害而拒绝与你交往。

第二，要有“三人行，必有我师”的良好心态。我们周围不乏学习楷模。仪表美、心灵美、语言美、品质美的人是我们学习的榜样。他人渊博的知识、敏捷的思维、善辩的口才、杰出的才华、精湛的技艺、完美的人格、丰沛的爱心、奉献的精神等都是值得我们仰慕与学习的。只要我们时时处处保持谦虚的态度，确立“三人行，必有我师”的处世哲学，我们就能够尊重他人，虚心向他人学习，取长补短，进而丰富和发展自己。

第三，要学会使用常用的文明用语，不说脏话、粗话，不打扰别人的学习、工作和休息，保持端庄的仪表和得体的言行举止。这些体现了一个人的修养，也是尊重别人的体现。

第四，切忌打断别人的讲话和想法，认可别人的行为与劳动，尊重他人人格。比如在公司中，员工的辛勤劳动需要企业管理者的认可，换句话说，管理者对员工的付出采取肯定的态度，是对员工劳动最大的尊重。当员工辛辛苦苦地为企业完成一项工作后，无论效果如何，作为企业的领导应该对员工的劳动表示认可。

【案例 4－1】

“无礼”换来“五里”

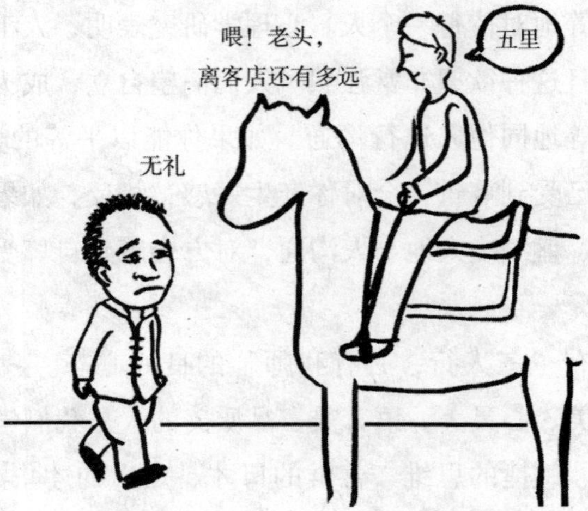

有个年轻人骑马赶路，眼看已近黄昏，可是仍前不着村，后不着店，正着急呢。忽然见到一位老者从这路过，他便在马背上高声喊道：“喂！老头，离客店还有多远？”老人回答：“五里！”年轻人急忙赶路，策马飞奔，一口气跑了十多里，结果仍不见人烟。年轻人暗想，这老头儿真可恶，居然说谎骗人，非得回去教训一下他不可。他一边想着，一边自言自语道：“五里，五里，什么五里！”猛然，他醒悟过来了，这个“五里”不是“无礼”的谐音吗？于是他调转马头迅速往回赶。追上了这位老人后，年轻人急忙翻身下马，亲热地叫道：“老大爷！”话还没有说完，老人就说：“客店已走过头了，如不嫌弃，可到我家一住。”

【案例分析】

案例中的年轻人刚开始问路时，骑在马上对长者打招呼，而且还高声喊：“喂！老头。”显然缺乏对长者必要的礼貌和尊重。因此，老者随口说出“无礼”——“五里”的谐音，当年轻人返回再次问路时，翻身下马，而且亲热地叫道：“老大爷！”老人竟然邀请年轻人到自己家里住宿。这个案例告诉我们：不尊重别人，就很难得到别人的尊重，尊重是相互的。对长辈，我们更要尊重。

【案例4－2】

小王拜访客户

刚入职的业务员小王到一家公司拜访客户，人力资源部的两位同志与小王交换了名片，并很热情地接待了他。小王很随意地将名片直接放进了口袋。接下来的沟通中，小王遇到了麻烦。情景如图所示。

小王赶快从裤袋里掏出名片想做些弥补，但是已经晚了。谈话的气氛已经让小王给破坏了，小王觉得很尴尬。可想而知，这次的拜访效果一定不会很好。

【案例分析】

在这个案例中，小王的疏忽在于他将接过来的名片直接放进裤袋里，没有用心记住对方的名字和称谓，所以接连弄错对方的姓氏、称谓和负责的领域，造成双方都很尴尬的局面。

在平时的交际中，我们往往会使用名片。名片是个人信息传递的一种载体，也是一种沟通的媒介。在交换名片的过程中，应体现出对人的尊重。

当我们双手接过对方的名片时，应该把名片读一下："哦！泽宇企业管理咨询有限公司，××老师，您好！"这样对方会觉得你非常尊重他，对方马上也会对你的名片产生兴趣。他可能会觉得你是一个很有修养的人，值得交往。读完别人的名片后，不要随便放，更不要随便丢，应该放到一个名片盒或者公文包里。如果你接过名片就放在桌上，一不小心，被一杯茶水给淋湿了，或者随便就把名片装进裤袋里，这都会让对方觉得你很不尊重他。

二、相容原则

1. 相容原则的内涵是什么

人际沟通中的相容原则是指人际交往中的心理相容，即人与人之间、一个团体或群体的成员之间心理协调一致，关系融洽，与人相处时表现出包容的气度，或指两个人在言谈举止、思想观点、个性品格、风度气质方面能为对方心理所接受，至少在一个具体方面被对方认可。

2. 沟通中相容原则如何应用

相容原则要求沟通各方在交流中要人谦让、豁达，将原则性和灵活性有机结合起来，以更好地达到良好沟通的目的。

要做到心理相容，应注意增加交往频率，寻找共同点，待人谦虚；为人处世要心胸开阔，宽以待人；要体谅他人，遇事多为别人着想，即使别人犯了错误或冒犯了自己，也不要斤斤计较，以免因小失大，伤害相互之间的感情。同时建立同理心，双向沟通，并多次确认；充分尊重人性、设身处地为他人着想；照顾对方感受，理解对方情绪；切忌用讽刺、挖苦、嘲笑、对抗的语言伤害对方。

沟通中应避免在非原则问题上争论，以宽容之心实现心理相容。心理相容或不相容是一种重要的心理现象。如果一个人的言语行为总能得到另一个人或另一些人的肯定反应，如同意、满意、高兴、融洽等，他们之间就会产生心理相容。如果一个人的言语行为总是引起另一个人或另一些人的否定反应，如不接受、精神不愉快、反对、厌恶，甚至敌视等，他们之间就会产生心理不相容。当然，心理相容并不等于双方在任何问题上意见都一致，而是因为心理相容容易收到情通理达、加深理解、增进友谊的效果。能宽容别人是有自信心、坚定意志、远大目标和理想的表现。自信心越高的人，相容度越大。多一点理解与相容，才能沟通顺畅，合作共赢。

【案例4-3】

我们的观点为何不同

在《管理沟通》的课堂上，为了让学员理解在沟通中如何做到相容，老师让大家分别回答两个问题：

问题一：如果你知道有个女人怀孕了，她已经生了8个孩子，其中3个耳朵聋了，两个眼睛瞎了，一个智力低下，而且这个女人又患有梅毒，请问，你会建议她堕胎吗？

老师要求大家不要讨论，并要求每个人都举手发言表达自己的观点，要么同意，要么不同意。结果同意这个女人堕胎的占58%，不同意这个女人堕胎的占42%。老师请大家记住自己表达的观点，然后继续第二个问题。

问题二：现在要选举一名代表，而你这一票是非常关键的。下面是关于3位候选人的一些事实：

候选人A：跟一些不诚实的政客有往来而且喜欢咨询占星学家。他有婚外情，是个老烟枪，每天喝8~10杯马提尼酒。

候选人B：有两次被解雇的记录，睡觉睡到中午才起来，大学时吸过鸦片，而且每天傍晚会喝一夸脱威士忌。

候选人C：一位受过勋的战争英雄，素食主义者，不抽烟，只偶尔喝点啤酒，从没有发生过婚外情。

对于第二个问题，老师同样要求大家不讨论，并要求每个人都举手发言表达自己的观点，要么同意，要么不同意。结果选A的占25%，选B的占30%，选C的占45%。

这时老师公布问题的答案。

对于第一个问题中怀孕的妇女，如果你的选择是建议那位女人堕胎的话，那么你就“杀”了贝多芬，因为她是贝多芬的母亲。

第二个问题的答案：

候选人A是富兰克林·罗斯福；候选人B是温斯顿·丘吉尔；候选人C是阿道夫·希特勒。

看到老师公布的答案，教室里顿时沸腾起来。这时老师把第一个问题中同意这个女人堕胎和不同意她堕胎的同学分成两组，让他们分别讨论3分钟，然后派代表陈述各自的理由和观点。再将第二个问题中选A、选B和选C的同学分成三组，让他们分别讨论3分钟，然后每组分别派代表陈述各自的理由和观点。

针对各组的观点，教室里再一次沸腾起来。这时老师开始发问了：

“为什么大家的观点相差如此之大？”

有人回答是因为价值观不同，也有的回答是因为大家看问题的角度不同，还有的人回答是因为各自的生活经历和背景不同。

接着老师又问：

“既然我们有这么多的不同，我们如何克服这些不同来进行彼此的和谐沟通呢？”

有人认为首先要意识到并承认彼此之间的不同，也有人认为有异议并不可怕，关键是找到相同的地方，还有人认为在沟通中应避免价值观的冲突，相互间建立认同感。

最后老师用一句话总结了这次讨论："刚才大家用行动很好地诠释了沟通中的差异以及如何做到相容。"

【案例分析】

在这个案例中，老师用一种全新的教学方法让学员通晓了沟通中的差异以及如何相容。在日常生活和工作中，由于彼此之间的价值观、态度、动机不同，一定会存在一些差异甚至冲突。差异，并不可怕，关键是如何"溶解"这差异。对于"溶解"差异首先要寻找共同范围，建立彼此之间的认同。认同是指一个人把外界事物的特点，特别是他人的特点，融入自己的人格中，在认同的基础上寻找沟通中的默契。

三、理解原则

1. 理解原则的内涵是什么

理解是人们逐步认识事物或事物的联系、关系、本质和规律的一种活动。沟通者要善于进行心理换位，尝试设身处地考虑、体会对方的心理状态、需求与感受，以产生与对方趋向一致的共同语言，这种共同语言的达成就叫做理解。如何去理解一个人？听对方所说的话、看对方的动作表情，当然这只是表面的方法。

2. 相互理解中的三个步骤

第一，初步了解对方的基本情况，包括性格、脾气、兴趣、观念、态度、动机等，尤其要学会倾听，这是理解的前提。交往中，要认真倾听对方的谈话，真诚地表现出你对他的谈话有极大的兴趣。是否认真倾听对方，常常直接影响沟通效果。

第二，换位思考，试着站到对方的角度思考问题，替对方着想。换位思考是一种心理体验过程，将心比心、设身处地是达成理解不可缺少的。它客观上要求我们将自己的内心世界，如情感体验、思维方式等与对方联系起来，站在对方的立场上思考问题，从而与对方在情感上得以沟通，为增进理解奠定基础。换位思考既是一种理解，也是一种关爱。著名的心理学家戴尔·卡耐基研究发现：人最关心的是他自己。比如拿起一张有他在内的中学生团体照，他最先看到的肯定是他自己。你的听众也是一样，他首先希望在你的话语中能听到自己，并以你对他的关心程度来决定他对你关心的程度。所以不妨站在对方的角度思考问题，这样能获取更多的信息，促进双方沟通。

第三，寻找共同语言。这里说的共同语言不是绝对的完全相同，而是相对的，就像两个圆圈，不需要完全的重合，只要能相交就好，相交的部分是彼此都认可、彼此都需要的，这就是共同语言。

3. 理解的目的与作用

“理解万岁”、“由于理解的存在，水与岸拉近了距离”。理解是一种高尚的美德。我们理解别人的目的是更好地促进沟通，创造和谐相处的气氛与环境。有了理解，沟通将会更加顺畅。理解能化解心中的疑惑，能增进友谊。无论在何时何地，父母与子女之间、同学之间、朋友之间、同事之间都需要理解。没有理解，人与人之间的沟通将难以进行；没有理解，人会变得很狭隘，甚至冷漠无情。

4. 理解与沟通的关系

人与人之间的相处是需要相互理解的，经常听人们说“他的每一个眼神、每一个动作我都能理解”，为什么会有这么好的默契呢？这就是平常相互沟通的结果。当然，如果我们只是沟通，而不去相互理解、谅解的话，那么再好的沟通也无济于事。所以没有理解就没法更好地沟通，没有沟通就无法了解别人的难处，也就不能要求别人理解自己。理解与沟通是人际交往中的孪生姐妹、缺一不可的挚友。唯有两者相互依存，才能创造和谐的人际关系。

“理解万岁”，人人都需要被理解。沟通者要善于进行心理换位，尝试从对方的处境考虑问题，体会对方的心理状态、需求与感受，以产生与对方趋向一致的共同语言。

【案例 4－4】

被考“焦”了的分公司经理

2004 年，应一家大型零售连锁集团的邀请，潘老师就任该公司的管理咨询顾问，协助公司推行绩效和薪酬管理新制度。每周三下午为管理咨询项目组与人力资源部沟通的时间。和以往的周三下午一样，这天，咨询项目组正与人力资源部王总监讨论咨询项目进展。该集团一个分公司经理徐女士来找人力资源部王总监，徐经理脸色阴沉，看上去有些不愉快，王总监赶紧走出会议室与这位分公司徐经理打招呼。不到 5 分钟就听到王总监办公室传来王总监与徐经理的争吵声，而且这位女经理的脾气似乎越来越火爆，声音也越来越大。项目组只好散会，各自先回到办公室。不一会儿，王总监便把徐经理带到了潘老师的办公室，请潘老师给她解释一下绩效管理的事情。面对满脸委屈，还有些愤愤不平的徐经理，潘老师请王总监先回避，然后请徐经理坐下，并给她沏上一杯茶。紧接着潘老师拿过来一个笔记本，准备坐下来与徐经理详细沟通。徐经理没等潘老师坐下就开始诉苦了：“我是这个月全公司唯一一个绩效考核不合格的分公司经理，您是知道的，我们分公司自从去年以来效益一直不好，这不是我个人的原因，这种考核对我有些不公平。今天来总部想倾诉一下，没想到王总监居然这种态度对待我，说我不支持人力资源部的工作，不支持公司的绩效管理改革。”潘老师不断地点头，还用笔记下徐经理的“冤屈”，并对徐经理的“冤屈”表示理解：“你们分公司效益不好是有客观原因的，我们项目组做过分析，最近在你的领导下，你们分公司的效益呈上升趋势。我将把你的情况记下来，下次向你们老总反映一下。”徐经理好像找到了知己，没有再给潘老师插话的机会，足足倾诉了5分钟之久。徐经理的怨气渐渐缓和了，潘老师开始问她：“这个月你们分店有没有考核不合格的？”徐经理说有两个。潘老师又问：“这两个不合格的员工有什么反映？”徐经理回答说：“一个没倾诉，另一个找过我，说考核不公平，我给他讲解后就没事了。”

潘老师一看机会来了，马上找来徐经理的岗位KPI和绩效考核表，与徐经理一起仔细分析当时大家给她的详细评分情况和评语。这时候，她的心思似乎已不在评分表上了。约5分钟后，徐经理突然转换话题：“其实，我早分析过这些表了，只是觉得有些气愤，今天来主要是想找个倾诉的对象，同时确认一下我在哪些方面确实需要改进，非常感谢您！”徐经理终于长长地嘘了一口气。临走时，徐经理还特别请潘老师不用给老总讲她今天这事儿了，看着徐经理如释重负的神态以及轻盈的步履，潘老师笑了。

【案例分析】

在这个案例中，分公司徐经理因为考核不合格来总部找人力资源部总监，她的本意并非一定要讨个说法，她需要的是同事以及领导的理解。潘老师在沟通中没有一开始就跟她讲“大道理”，而是先听她倾诉，并不断地反馈，表示对她说法认同，还用笔记下来，更显示对她倾诉内容的重视。然后，潘老师转而询问她分店的绩效管理情况，最后才提到她本人的绩效管理，不过这个时候，她已经不需要太多解释了。因为她对她的绩效情况早已研究过，而且她来总部的目的也不在于此，她需要倾诉，同时也希望得到别人的理解。从她临走时如释重负的神态和轻盈的步履可以看出，她的需求得到了满足。

第二编

沟通之术

第一部分

人际沟通之术

第五章　善于赞美

“要改变人而不触犯或引起反感，那么，请称赞他们最微小的进步，并称赞每个进步。”

——美国著名人际关系学家卡耐基

一、为什么沟通中需要赞美

人人都有爱美的心理，都有接受赞美的“癖好”。赞美是一种认可，是最好的见面礼，是打破沟通坚冰的绝佳利器。“士为知己者死，女为悦己者容。”赞美别人，仿佛用一只火把照亮了别人的生活，也照亮了自己的心田。

【案例 5－1】

赞美使别人快乐，也使自己满足

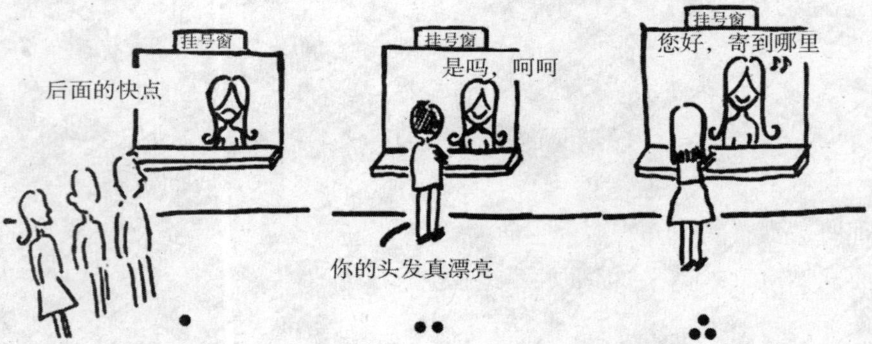

有一次，卡耐基去纽约的一家邮局寄信时，发现那里有一位负责挂号信的职员对工作很不耐烦，卡耐基就想："我一定要让他高兴起来，让他立刻喜欢我。我怎么才能做到呢？"

"有了。"卡耐基灵机一动，"我得称赞他一下，他就会高兴了。可说什么呢？"忽然间，他好像想起了什么，转身离开了邮局。没过多久，卡耐基又去那家邮局寄信。他看了看那个人，诚恳地对他说："你的头发太漂亮了。"那个人抬头看了卡耐基一眼，有点惊讶，可脸上还是露出了微笑，并谦虚地说："哪里，现在已经大不如以前了。""很好嘛！和年轻人的头发一样。"卡耐基高兴地说，因为他知道自己成功了。那个人听了卡耐基的赞美高兴极了，很快就和卡耐基愉快地谈了起来。卡耐基临走时，那个人对他说："许多人都问我究竟用了什么秘方，实际上那是天生的。"后来，卡耐基对朋友说："我敢打赌，那个人那天一定特别开心，走起路来一定飘飘欲仙，晚上回到家里，他一定会把那件事情原原本本地告诉太太，而且还会照着镜子自我陶醉一番。"

朋友们不解地问卡耐基："你为什么要这样做呢？你能从中得到什么呢？"卡耐基回答道："其实我什么也不想得到，如果我们做每件事都想从别人那里得到点什么，那么我们自己也就无法给别人一些真诚的赞美，也就无法真诚地给别人快乐。我觉得，如果他获得了快乐，那么我心里也会产生一种满足的感觉。"

【案例分析】

在这个故事中，那位邮局职员对工作很不耐烦的态度，在一般人看来理应遭到顾客的谴责或者领导的惩罚。然而，与邮局职员并不熟悉的卡耐基不但没有谴责他，而是在他身上找到亮点，并予以赞美，使他高兴起来。邮局职员的好心情可能会带来好的服务，让更多的顾客受益。同时，卡耐基也因赞美别人而使自己获得了快乐。因此，这个故事给我们的启迪是：懂得赞美别人的人是幸福的，因为你在赞美别人的时候，别人会把这种阳光般的赞美回馈于你，让你感受到同样的温暖和舒心。

【案例 5－2】

两个猎人的故事

话说有张三、李四两个猎人，各猎得两只野兔回家。张三的妻子看见后冷冷地说："只打到两只吗？"张三心中不悦地说："你以为很容易打到吗？"第二天他故意空手回家，让妻子知道打猎不是件容易的事。

李四回家后则遇到另一番情形，他的妻子看见两只兔子，欢天喜地地说："你竟然打到了两只！"李四听了十分高兴地说："两只兔子算得了什么？"他十分自豪，第二天他打了四只兔子回家，向妻子证明了他是多么的能干。

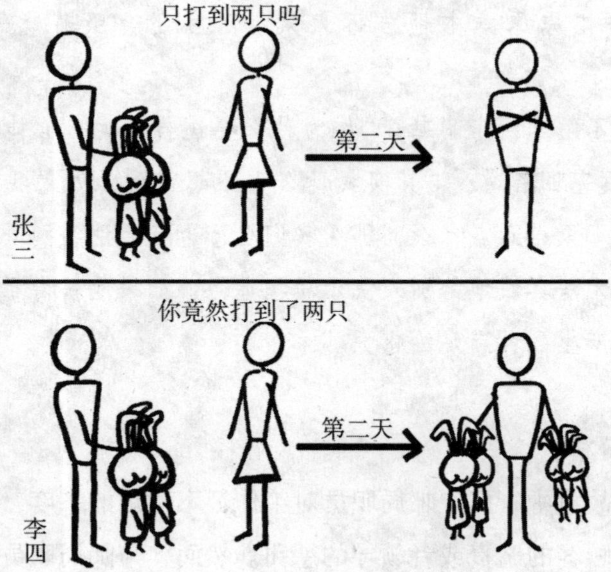

【案例分析】

故事中，李四的妻子善于赞美丈夫的劳动成果，激励丈夫更加努力。而张三妻子的冷淡态度和质问，使本来已很努力的丈夫受到了伤害，所以产生了怠慢情绪。在现实工作中，每一个人都需要赞美，无论同事之间，还是上下级之间，多一点赞美会多一点和谐。

二、赞美的力量有多大

一句普普通通的赞美有时可以改变一个人的一生。无论是普通人还是伟人，都希望听到别人的赞美。赞美不是一味地宽容，也不是虚伪的奉承，更不是夸大其词的吹捧；赞美是真诚的鼓励，是对别人的鞭策，是一种无形的力量。生活和工作中，一句不经意的讽刺、挖苦之言，会打击一个人的积极性，甚至会毁掉一个人的一生；然而一句真诚的赞美可以激励一个人的一生，甚至帮助他成就一番事业。不管是作为父母，作为老师，还是作为领导，都应善于发现并赞美子女、学生或下属的优点。

【案例5－3】

是谁改变了卡耐基的一生

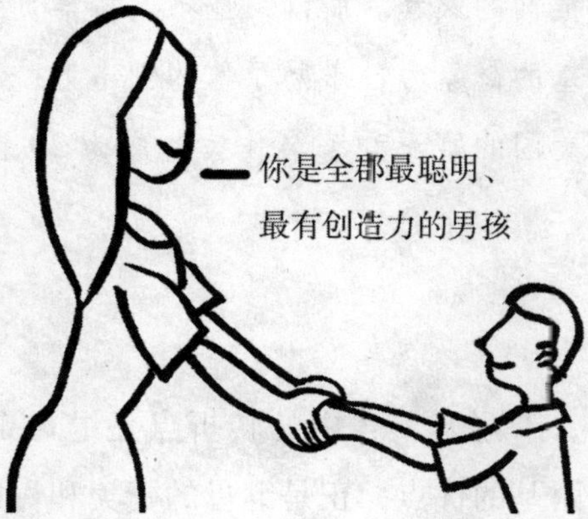

卡耐基小时候是一个公认的坏男孩。在他9岁的时候，父亲把继母娶进家门。当时他们还是居住在乡下的贫苦人家，而继母则来自富有的家庭。

父亲一边向继母介绍卡耐基，一边说："亲爱的，希望你注意这个全郡最坏的男孩，他已经让我无可奈何。说不定明天早晨以前，他就会拿石头扔你，或者做一些你完全想不到的坏事。"

出乎卡耐基意料的是，继母微笑着走到他面前，握着他的双手认真地看着他，接着她对丈夫说："你错了，他不是全郡最坏的男孩，而是全郡最聪明、最有创造力的男孩。只不过，他还没有找到发泄热情的地方。"

继母的话说得卡耐基心里热乎乎的，眼泪几乎滚落下来。就是凭着这一句话，他和继母开始建立友谊。也就是这一句话，成为激励他一生的动力，使他日后创造了成功的二十八项黄金法则，帮助千千万万的普通人走上了成功和致富的道路。

在继母到来之前，没有一个人称赞过他聪明。他的父亲和邻居认定他是坏男孩。但是，继母只说了一句话，便改变了他一生的命运。卡耐基14岁时，继母给他买了一部二手打字机，并且对他说，相信你会成为一名作家。卡耐基接受了继母的礼物和期望，并开始向当地的一家报社投稿。他了解继母的热忱，也很欣赏她的那股热忱，他亲眼看到她用自己的热忱改变了他们的家庭。所以，他不愿意辜负她。来自继母的这股力量激发了卡耐基的想象力，激励了他的创造力，帮助他挖掘出无穷的智慧，使他成为美国的富豪和著名作家，成为20世纪最有影响力的人物之一。

【案例分析】

在这个故事中，卡耐基一生中的转折点是继母走进他生活的那一刻，继母赞美了卡耐基的优点，正是继母的赞美和肯定成为卡耐基一生的动力。因此，卡耐基的继母不仅是一位贤惠、聪明的母亲，更是一位善于赞美的沟通高手。

三、赞美是一种沟通艺术

赞美是一件好事，但绝不是一件易事，与其说赞美是一种沟通技巧，倒不如说赞美是一种沟通艺术。说赞美是一种沟通艺术，是因为赞美既要把握时机，又要因人而异；既要注意形式，又要考究内容；既要自然得体，又要情真意切。

1. 赞美要把握时机

赞美的效果关键在于相机行事、适可而止，真正做到“美酒饮到微醉后，好花看到半开时”。赞美需要把握时机，当然不是一定要在某一个具体的时段进行赞美，只要你发现时机来了，就可以赞美，这需要沟通者在沟通中审时度势。例如，当别人计划做一件有意义的事时，开头的赞扬能激励他下决心做出成绩，中间的赞扬有益于对方再接再厉，结尾的赞扬则可以肯定他的成绩，指出进一步努力的方向。一个人的成功可以影响周围一群人，可以达到“赞扬一个，激励一批”的效果。又如，刚见面一刻的赞美可以使接下来的沟通变得轻松愉悦；在沟通过程中了解对方的一些爱好、兴趣、特长等信息后，不失时机的赞美可以巩固和加深彼此间的感情或印象；沟通结束时，用赞美来代替谢意，也不失为一种好的方法。

2. 赞美要自然得体

赞美词就像一把双刃剑，在沟通中，它能增进人际关系，也能破坏人际关系。适当的赞美词就像社交中的润滑剂，但不得体的赞美词会被对方认为你虚伪和别有用心，因而易受对方鄙视。

在服务营销中，我们的客户有初次见面的，也有老客户，如何赞美才恰当呢？首先，我们不需要在对方的人品或性格上下工夫，例如，初次见面时，如果赞美对方“您真是个好人啊！”这句话即使是你发自内心的，对方也容易产生疑惑甚至戒备心理，对方可能会想“才第一次见面，你就知道我是个好人？”另外，赞美女性时，在女性的五官、仪表、体态上做文章须谨慎，因为绝大多数女性对自己的五官、仪表、体态优点都非常清楚。因此，对女性的赞美要恰到好处。例如，你赞美一位漂亮的女士：“我觉得你很像那个漂亮的电影女明星×××！”如果对方很喜欢这位女明星的话，她当然会很高兴地接受你的夸奖。假如不巧的是，对方非常讨厌这位明星，那会产生什么结果呢？也许对方会板起脸说：“什么？我和她很像，我最讨厌她那种人！”遇上这种场面，你只能以苦笑安慰自己了。

因此，我们的工夫可以用在对方的行为或服饰上。例如，对方佩戴了一条非常精美的项链，你就可以赞美她：“这条项链戴在您的身上真是光彩夺目。”这其实是一种间接赞美法，通过赞美项链来赞美对方有眼光。赞美时要让对方感觉到你是发自内心的，不切实际的赞美反而使人讨厌。赞美时，赞美之词不在多，而在于精。

3. 把赞美具体化

在日常生活中，人们有非常显著成绩的时候并不多见。因此，交往中应从具体的事件入手，善于发现别人哪怕是最微小的长处，并不失时机地予以适当的赞美。赞美用语愈翔实具体，说明你对对方愈了解，对他的长处和成绩愈看重，让对方感到你真挚、亲切和可信，你们之间的人际距离就会越来越近。如果你只是含糊其辞地赞美对方，说一些“你工作得非常出色”或者“你是一位卓越的领导”等空泛的话语，则会引起对方的猜忌，甚至产生不必要的误解和信任危机。空泛化的赞美显得虚幻、生硬，使人怀疑动机。而具体化的赞美则显示真诚，比如，你的朋友眼睛很漂亮，不如说她像张曼玉，你说她眼睛漂亮也许比说她人漂亮效果要好得多。

4. 从否定到肯定的赞美

有时候，在沟通中从否定到肯定，或者先抑后扬的赞美会有意想不到的效果。这种方法一般是这样的：我很少佩服别人，你是个例外；我一生只佩服两个人，一个是×××，一个是你。如果赞美你的总经理，那么与总经理比较的人可以是“行业内的知名人士”；如果赞美你的部门经理，那么与部门经理比较的人可以换成“总经理”，如此类推。

5. 及时赞美对方得意之事

当我们见到或听到别人得意的事，应及时赞美。例如，如果一个人给你看了他小孩的相片，那么一定要当场夸奖他的小孩，如果你无声地放回去，别人会很不高兴的；如果一个人升官了，第二天见到他时，要用大官的官衔称呼他，用位高权重的话语去恭维他。

6. 赞美对方的变化

在日常生活和工作中，我们需要随时留意别人的变化，并适度赞美别人的变化，这种赞美会让对方感觉到他在我们心目中很重要，我们很在乎他的变化。例如，同事今天穿了一件新衣服来上班，见面就可以赞美几句，合身的就夸漂亮，不合身就夸有特色（时尚、新潮）。所以说，生活中长时间不见面的人，无论说你胖了、瘦了都是令人舒心的，因为你能引起别人的注意。

7. 细水长流般的赞美

赞美就像营养品，一次性吃多了，就会营养过剩。就同一时间、同一件事或同一个人赞美多了就有“溜须拍马”、“虚情假意”之嫌。因此，赞美一个人，不在乎一次赞美的多少，而在乎日常生活和工作中的细水长流。在日常工作中，我们发现：大家服从分配或自主选择到一个团队工作的最初一段时间里，彼此之间都有一种交往的动机和热情，可以经常听到彼此之间的肯定和赞美。大家工作得很轻松、很开心。但遗憾的是，时间久了，强调个人空间和地位的人多了，交往的热情和动机不足了，相互之间指责缺点和不足的多了，彼此肯定和赞美优点的少了。这个时候，我们开始感觉到工作的压力大了，疲惫感重了，抱怨的情绪多了。如果在我们的团队里继续保持交往的热情，相互之间多一些肯定与赞美，让赞美细水长流，我想我们的工作压力会小一些，疲惫感和抱怨也会少一些。

8. 似否定实肯定的赞美

在某些场合或对某些人不便于直截了当地赞美时，可采用否定之否定或者似否定实肯定的赞美方式。例如，当年文化大革命中，周恩来被贴大字报，其中有一张大字报被邓妈妈当作宝贝收藏起来，那张大字报的大意是："请总理珍惜身体，他的身体是属于全国人民的。"这就是一个典型的似否定实肯定的案例。有人这样赞美上司："我们领导什么都好，就是工作起来不要命！"有人这样赞美下属："咱们小王什么都好，就是太实在了！"姜文批评冯小刚时说："你有两个缺点，一是心不够狠，二是人太自恋。"这又是一个似否定实肯定的例子。从不接受批评的冯小刚说："我最喜欢姜文的批评，很诚恳，呵呵，我喜欢。"

9. 超出对方预期的赞美

当我们遇到一个经常被人赞美的人时，你的赞美可能在对方的预想之中。比如一位美女，她往往能预料到你会赞美她的美丽，一位运动员往往能预料到你会赞美他的健壮或活力，这个时候你的赞美虽然必要，但是效果甚微。你夸美女美，她不会有太多的感触，因为大家都这么赞美她。但是如果你赞美她不仅美丽而且有性格、有素质、有涵养，她一定会非常高兴，因为这种赞美超出了她的预期。

10. "转嫁"赞美

当我们和领导、同事在一起时，如果别人赞美你，除了感谢和回赠赞美外，有时需将别人对你的赞美"转嫁"到你的领导和同事身上。例如，客户在你领导面前夸你工作非常出色，你不妨这样回答："先得感谢您的慧眼选择了我们作为合作伙伴，还有我们领导的慧眼选择了我为您服务，才使我有机会干得这么出色。"这个回答妙在一句话包含了三层意思：一是感谢客户；二是赞美客户；三是赞美领导。

11. 赞美要因人而异

人的素质有高低之分，年龄有长幼之别，因人而异，突出个性，有特点的赞美比一般化的赞美更能收到好的效果。老年人总希望别人不忘记他“想当年”的业绩与雄风，同其交谈时，可多称赞他引以为豪的过去；对年轻人不妨语气稍为夸张地赞扬他的创造才能和开拓精神，并举出几点实例证明他前程似锦；对于经商的人，可称赞他头脑灵活，生财有道；对于有地位的干部，可称赞他为国为民，廉洁清正；对于知识分子，可称赞他知识渊博、宁静淡泊……当然这一切要依据事实，切不可虚夸。

12. 赞美应情真意切

虽然人人都喜欢听赞美的话，但并非任何赞美都能使对方高兴。能引起对方好感的只能是那些基于事实、发自内心的赞美。相反，你若无根无据、虚情假意地赞美别人，他不仅会感到莫名其妙，更会觉得你油嘴滑舌、诡诈虚伪。例如，当你见到一位其貌不扬的小姐，却偏要对她说：“你真是美极了。”对方立刻就会认定你所说的是虚伪之极的违心之言。但如果你着眼于她的服饰、谈吐、举止，发现她这些方面的出众之处并真诚地加以赞美，她一定会高兴地接受。真诚的赞美不但会使被赞美者产生心理上的愉悦，还可以使你善于发现别人的优点，从而使自己对人生保持乐观、欣赏的态度。

四、职场赞美面面观

1. 赞美与“马屁精”有什么不同

在办公室或一个团队里共事，一般人往往容易注意别人的缺点而忽略别人的优点长处。因此，发现别人的优点并给予由衷的赞美，就成为办公室或团队里难得的美德。无论对象是你的上级、同事，还是你的下级或客户，没有人会因为你的赞美而动气发怒，相反会心存感激而对你产生好感。

巧妙地运用赞美手法，可让你的上级欣赏你，让你的同事帮助你，让你的工作得以顺利完成。为每个人营造一种和谐的办公室气氛，同时不失去自己做人的尊严和修养，事业的成功就离你不远了。

犹太人有一句应该牢记在心的谚语："唯有赞美别人的人，才是真正值得赞美的人。"

巧妙赞美别人并不是工作的全部，只是建立良好的人际关系，使自己的工作得以顺利完成、目的得以顺利实现的一种方法。让周围的人讨厌、排斥，对自己有什么益处呢？光顾埋头干活，一声不吭，成绩就会给那些整天唧唧喳喳的"马屁精"占为己有去邀功请赏了。因此，巧妙赞美并不是不分场合地乱拍一气，而是一种为人处世的技巧。

巧妙赞美应注意以下几点：

（1）把每一次赞美当做一次学习的过程，把他人的优点作为自己仿效的榜样，这样，别人就会很乐意帮助你。同时，在实践中学会更自然地表达自己的好意。

（2）对别人的意见不要立即表示赞同，给自己一段时间来思考，表现出你的谨慎和细致，然后给别人进一步表明意见的机会，让他们说服你，这样你的赞同就会显得更具价值。

（3）在任何场合，对任何人都要用适当的方法加以赞美，你可以把它看做是对未来的一笔投资。哪怕是别的部门的领导，或者是你所厌恶的人，也应该对他们的长处加以赞赏，这样会给你带来回报。

（4）赞美不光是说好话，而是说好听的话。

（5）如果你不相信对方，认为对方不值得赞美，就不必去赞美，虚伪的赞美会使自己陷入无法摆脱的困境，而对方也会觉得你在嘲讽而不是在夸奖他。

巧妙赞美并不是拍马屁，而拍马屁是不顾场合与形象地恭维、讨好别人。所谓拍马屁者，不分场合和时间，巴结他遇到的每一个人。什么过头的话他都说得出口，他们认为向上司大献殷勤就能轻而易举地得到提升，而不想通过努力工作获得成功。

日常工作和生活中，我们需要认清下面六种“马尼精”：

（1）同意上司或同事提出的每一个建议，经常说的一句话是“我完全赞成”，从不发表不同意见或建议。

（2）经常称颂上司或同事，而且常常贬低自己或其他上司、同事，同时表情丰富，挂着夸张的笑容。

（3）对上司不该称颂的时候也大加赞赏，而对自己的平庸则千方百计地遮掩。

（4）有意在上司面前出同事的洋相而博取上司一笑，使自己出风头。

（5）如果上司说了个笑话，哪怕是很无趣的，他们也会开怀大笑，假装乐在其中。

（6）工作时挑肥拣瘦，但总是夸大自己干的工作最重要、最吃力。

2. 职场常用的经典赞美

人在职场，每日免不了与领导、同事或外部客户沟通，在沟通过程中，赞美必不可少，有些赞美属于礼节性的，会经常使用，故将这些常用的经典赞美分类汇集：

（1）对精神状态及穿着的赞美。如“你今天看上去很棒！”“你看上去真精神/真漂亮！”“你看上去帅呆了！”“你穿那种颜色的衣服很好看！”即使是天天见面的同事，偶尔来这样一句赞美，会让同事心情愉悦。

（2）对同事或下属工作的肯定。如“你干得非常好！”“我们为你骄傲！”“我对你的工作非常满意！”“我对你的工作表示敬意！”

（3）对对方观点的赞赏。如“你说得很对！”“你说话总是很得体！”

（4）对对方个性及品格的赞美。如“你的个性很好！”“你真幽默！”“你非常聪明！”“我非常羡慕你！”“你很有天赋！”“你很有品位！”

（5）对对方事业的赞美。如“你的事业很成功!”“你非常专业!”

【赞美游戏】

游戏规则：

1. 两人为一组。

2. 各组的每位组员写下对对方特征的五条评价。

3. 这些特征都必须是正面的、积极的，如穿着整洁、声音好听等。

4. 三分钟后，请各组员分别说出其对对方的评价。

游戏讨论：

1. 在你的日常生活和工作中，你经常给予别人赞美和积极的评价吗？

2. 当你受到别人的赞美和积极评价时，你有什么感受？

【行动学习】

场景1：

周一早上，小王刚到办公室坐下，休完产假的女同事小张手里拎着一袋糖果兴高采烈地走进办公室，并向大家问好，告诉大家产假结束了，现在回来上班。小张尽管体态还有些“臃肿”，但脸色红润，精神很好，如果你是小王，此时你将献上怎样的赞美？

行动提示：

大多数女同胞产后的几个月体态都有些臃肿，但是刚做妈妈的心情是非常好的，这时候的赞美不要在穿着、身材、面容等外表上下工夫了，需要从母性的伟大之处寻找赞美的词语。

场景2：

又到了8月8日，公司的周年庆典晚会如期举行。财务部的小张从来不爱化妆，不过今天她动了化妆的心思，因为办公室的女同事们为了晚会已经提前下班化妆去了。晚会就要开始了，同事们相继赶赴晚会现场，总经理办公室的小王西装革履地站在门口忙着迎接大家。突然小张走过来了，小王一看，从不化妆的小张今天也是浓妆艳抹，见了小王还有些不自在呢。如果你是小王，你将如何赞美这位从不化妆的女同事？

【行动学习提示】

在这个场景中，赞美者需要考虑以下问题：

1. 一位从不化妆的女性化妆后应该是一种什么样的心情。
2. 小张见了小王已经有些不自在了。
3. 此时此刻，已经化了妆的小张最需要什么样的鼓励。

第六章　积极倾听

“人长两只耳朵一张嘴巴，就是为了多听少说。”

——美国著名人际关系学家卡耐基

倾听是接收口头或语言信息、确定其含义和对其作出反应的过程。第一个关于倾听的研究是1926年保罗·兰金（Paul Rankin）做的，他发现，善于倾听的人在每10分钟里有7分钟用于听，即70%的时间用于倾听他人表述。

一、倾听为何重要

倾听他人讲话是很困难的。除非确实想听他人的观点，否则很少有人会愿意主动倾听别人谈话。你需要培养“放松的集中”的能力，它会向别人表明“我已准备好听你说”。有一些特殊的技巧可以帮助人们形成这种积极倾听的能力，例如反映、概述、澄清、阐明和探询。

在人际交往中，倾听起着很重要的作用：

（1）倾听使对方心情愉悦。说话者可能会因为对方聆听的态度感到心情舒畅，这就为进一步的沟通打好了基础。倾听对方说话无疑是对说话者最好的赞美，因为这样能够满足对方的自尊心。

（2）加深自己对他人的情绪、行为的理解。倾听的过程中可对对方话语所传达的信息进行加工整理，领会对方话语的确切含义。

（3）增进彼此的理解与信赖。倾听对方表露内心的事，可以消除两者之间的误会、隔阂、不信任与敌对的情绪，拉进两人之间的关系。

(4) 改善周围环境的气氛，有利于获得身心健康与事业成功。心理学家们指出，善于倾听的人容易克制冲动，控制愤怒，拥有一个平和的人际环境，而这对于身心健康与成功是有百益而无一害的。

倾听在管理中的作用：

(1) 管理者的倾听可以产生激励作用。

(2) 倾听是获取信息的重要方式。

(3) 积极倾听可以帮助管理者做出正确的决策，尤其是对于缺乏经验的管理者，善于倾听可以减少他们工作中的错误。

(4) 善于倾听能给人留下良好印象。

【案例 6-1】

谁是最有价值的“金人”

曾经有个小国的使者来到中国，进贡了三个一模一样的金人，金光灿灿，把皇帝高兴坏了。可是这小国不厚道，进献时出了一道题目：这三个金人哪个最有价值？

皇帝想了许多办法，请来珠宝匠检查，称重量，看做工，都是一模一样的。怎么办？使者还等着回去汇报呢。泱泱大国，不会连这种小事都不懂吧？

最后，有一位退位的老臣说他有办法。皇帝将使者请到大殿，老臣胸有成竹地拿着三根稻草，分别把它们插入金人的耳朵里，插入第一个金人耳朵的稻草从另一边耳朵出来了。第二个金人的稻草直接从嘴巴里出来了。而第三个金人，稻草插进去后掉进了肚子，什么响动也没有。老臣说："第三个金人最有价值！"使者默默无语。答案正确。

【案例分析】

这个故事告诉我们，最有价值的人不一定是最能说的人。所以智者说："我们与生俱来有两只耳朵、一张嘴，因为我们想倾听两倍于我们所说的。"善于倾听，是善于沟通必须具备的最基本素质。

二、倾听的失误

我们在倾听别人说话时，有时难免会由于各种情况而造成倾听失误。概括地说，倾听失误分为客观上和主观上的失误。

1. 客观上的倾听失误

我们在倾听时，或多或少会受到时间和环境的限制，以至于我们不能很好地去倾听。下面从时间不足和环境干扰两个方面分析：

（1）时间不足。

时间不足是中层经理们最主要的沟通障碍之一，主要表现为以下两种情况：

①安排的时间过短，对方不能在这么短的时间内把事情说清楚。他可能言简意赅，忽略了许多细节，需要你去仔细把握。作为倾听者的你，这么短的时间内不但要听清楚对方所要表达的内容，还要理解好其意图并且作出回应，故容易产生失误。

②另一种情况是工作过程中的倾听。下属事先并没有约定好时间，临时有重要的事情向你寻求帮助，你正忙着其他事务，根本没有时间认真倾听对方所要表达的内容，只是心不在焉地听着对方的简单叙述。

（2）环境的干扰。

一般情况下，中层经理没有自己单独的办公室，上司、同事、下属都可以随时随地找到他（她），而且都是急事。所以，虽然中层经理和下属整天在一起，但要进行一对一的沟通却很困难。

【案例 6－2】

主持人的尴尬

美国的著名主持人沃特·克隆科特（Walter Cronkite）几年前乘船进入缅因州，在接近港口码头时，很惊讶地看到一群人在岸上向他挥手。他隐约地听到对岸呼喊着：“你好，沃特！（Hello，Walter!）”当他的船驶近时，大家的呼喊声更大了。沃特·克隆科特十分感动，他兴奋地向岸上的这些人挥帽招呼、鞠躬作揖作为回应，但出乎意料的是，几秒钟后，船卡住了，动弹不得。当岸上的人呆呆地望着他时，克隆科特才恍然大悟，原来那些人并非是喊他的名字，而是“水浅，水浅（Low water，Low water.）”。

【案例分析】

在这个故事中，沟通距离远、噪音多等环境的干扰，是沃特·克隆科特倾听失误的主要原因，沃特·克隆科特误将别人的提醒认为是打招呼，导致船被卡住的尴尬局面。

2. 主观上的倾听失误

主观上的倾听失误就是指倾听者自己在倾听过程中由于自身的知识、性格或观念价值而造成的倾听失误。

（1）观点不同。

观点不同是倾听的第一个障碍。每一个人心里都有自己的观点，很难接受别人的观点。当别人在诉说时，你可能这样想："你的观点没有什么新意，你不说我都知道是怎么回事。"带着这样的想法，你自然难以认真听对方说话。例如，你的下属跟你建议，零售可能比批发的利润高，你却想你两年前经营的就是零售业，效益不佳，这种做法根本不行。在这种心理作用下，当下属陈述零售的利润空间时，你根本听不进去。由于坚持自己的观点，对于对方的解释和结论，如果是"英雄所见略同"，你肯定心满意足；但如果出入很大，你可能会产生抵触情绪——反感、不信任，并产生不正确的假设，在这种排斥异议的情况下，你又如何能够静下心来认真地进行倾听呢？

（2）偏见。

偏见是倾听的重要障碍。假设你对某个人产生了某种不好的看法："这个人没什么能耐。"他和你说话时，你不可能认真倾听。又假设你和某个人之间由于某种原因产生了隔阂，如果他有什么异议，你就可能认为他所做的一切都是冲着你来的。无论他怎么解释，你都认为是借口。

（3）急于表达自己的观点。

人们都有喜欢自己发言的倾向。在商场上，发言尤其被视为主动的行为，可以帮助你树立强有力的形象，而倾听则是被动的。在这种思维习惯下，人们容易在他人还未说完的时候，就迫不及待地打断对方，或者心里早已不耐烦，往往不可能把对方的意思听懂、听全。

【案例6-3】

我还要回来的

美国著名主持人克林莱特访问一个小朋友。

主持人问："你长大以后想当什么呀？"

小朋友天真地回答："我想当飞机的驾驶员。"

主持人："如果有一天你的飞机飞到太平洋上空，所有的引擎都熄火了，你该怎么办？"

小朋友想了想："我会告诉飞机上所有的人系好安全带，然后我挂上我的降落伞跳出去。"

当时采访现场的所有人都笑得东倒西歪，主持人继续注视着这位小朋友，想看看这小朋友是不是自作聪明。没想到，小朋友两行热泪夺眶而出，那种怜悯之情、悲伤之感简直无法用语言形容。

于是主持人继续问小朋友："为什么要这么做？"

小朋友的答案透露了一个孩子真挚的想法："我要去拿燃料，我还要回来，我还要回来的！"

【案例分析】

在这个故事中，小朋友的话还没有讲完，真实的意图并没有完全表达出来，就被现场的人误认为他自作聪明，因此，小朋友很委屈。当你正在听别人说话时，你真的听懂别人的意思了吗？如果你不懂，请听别人说完吧！这就是听的艺术。这个故事告诫我们：听话不要听一半！不要把自己的意思投射到别人的话上！

3. 引发不良倾听的原因

（1）语意理解上的。

语言的不同层次影响倾听的过程：

声音层次——我们听觉器官接收说话者信号的层次；

语法层次——把声音转化成有意义的信号；

原意层次——说话者所要表达的意思。

（2）感情过滤。

在倾听过程中，我们的倾听能力直接受感情因素的影响。

比如，在倾听时对内容不感兴趣，就会本能地排斥所听的内容；相反，当某人说到一些我们想听到的话时，我们会“竖”起耳朵听，接收所有的信息——真理、部分真理，甚至谎言和谬误。

（3）缺乏适当的培训。

在如何使我们成为出色的倾听者方面，较之其他沟通技能，我们接受的培训和训练相对较少。

四种沟通模式所占相对时间的比较

	听	说	读	写
习得顺序	第一	第二	第三	第四
运用时间	45%	30%	16%	9%
获得训练	最少	较少	较多	最多

（4）心智时间差。

正常人的大脑运转速度极高，每分钟最多可以处理500个字词，而普通人的说话速度是每分钟140个字词左右，这便产生了听者的心智时间差问题。为了填补这一段时间的空白，在听的同时，你的大脑很自然地会游走到其他的想法上去，但是当你回来时，才发现这段时间因你游走得太远而遗漏了许多重要的内容。应该说，这是正常的心理反应的结果，但为了更好地倾听，这一过程是可以控制的。

（5）倾听行为的被动性造成的障碍。

特别是在组织的上下级沟通过程中，下级的倾听具有被动性。

（6）性别的差异也可能造成障碍。

男性和女性倾听的态度不同。

（7）沟通环境障碍。

沟通环境（办公室、会议室、讨论会、非正式场合等）不同，倾听效果也不同。

4. 导致倾听失误的几种常见认识误区

（1）误区一：倾听＝听见。

听见是机械的，是一种很难避免的自然结果。喇叭的鸣响、沉重的建筑设备的嗡嗡声、操场上孩子的叫喊声，所有诸如此类的声音，即使人们不主动倾听，也是可以听见的。听见通常不需要身心的特别投入。相反，倾听是注意力集中的结果，要求身心投入。由于身心因素会影响倾听的过程，所以需要特别注意。

【案例6－4】

为什么老出错?

胜佳达是拥有35家商店的连锁公司，胜佳达的总部在广州。张汉思是总部的办公室经理，他主管四个办公室人员，其中三个效率很高、很细心，他想要完成的事，只需告诉他们一次，事情就做好了。然而，第四个员工小王似乎老是出错。他能完成日常工作，但是常常需要重做，因此给其他三人带来额外的负担。其他三个人开始向张经理抱怨这一问题。张经理想不明白，为什么小王听不懂指令，而其他三人却可以。张经理最初并不想解雇小王，因为他是很卖力的员工，于是又给了小王两次机会，但是结果仍然很遗憾。原来，小王是听见了，但是没有倾听，他的问题阻碍了办公室工作的顺利进行，张经理最终不得不作出解雇小王的决定。

【案例分析】

在这个故事中，小王被解雇，表象是工作常常出错，工作效率低下，但问题的根源是小王不善于倾听。在工作中不倾听就无法听懂领导的指令，听不懂指令往往导致事情出错并重做，所以工作效率低。

（2）误区二：能听＝会听。

“能听”是指生理上能够接受信息，“会听”指不仅能够接受信息，而且知道如何识别主要信息和次要信息、如何集中精力到主要信息上。

（3）误区三：他听＝你听。

由于每个人的资质参差不齐，因而倾听能力和倾听状态会有很大差异。据心理学分析，倾听效果是由倾听者对倾听内容的兴趣和其倾听目的来决定的。倾听过程中，倾听者往往以自身具备的倾听能力和自身养成的倾听习惯来决定听什么，什么时候听。有时候因为能力问题（如听不懂）或心理问题（如对对方反感），他们会自动关闭接收语言信息的通道，故意听不见对方的讲话，这样便产生了心理学所讲的“选择性失聪”现象。

因此，作为倾听者，我们在沟通中要尽量减少倾听的失误；而作为信息发送者，我们要防止由于倾听认识上的错误而导致倾听者倾听失误。只有这样，沟通才能获得有效的双向交流。

三、如何改善倾听

事实表明，掌握倾听艺术，有时比多说话更重要。做个好听众或注意倾听，是一门需要耐心的艺术，那么怎样做个好的倾听者呢？我们总结了几种改善倾听艺术的方法：

1. 消除外在与内在的干扰，努力创造倾听的机会

（1）外在和内在的干扰，是妨碍倾听的主要因素。因此要改进倾听技巧，首先要尽可能地消除干扰。必须把注意力完全放在对方身上，才能明白对方的口头语言和肢体语言，明白对方说了什么、没说什么，以及对方话语所隐含的意义。

（2）营造好的谈话氛围，鼓励对方继续谈下去。作为倾听方，需要采取如下策略方法：第一，要善于鼓励；第二，要善于理解。

2. 全神贯注地听，并学会听取关键词

（1）这里所谓的听，不仅需动用耳朵那种听觉器官，而且需用眼睛去观察对方的表情与动作，设身处地地用心去体会对方的话语，用脑去分析对方话语背后的动机。可见，“倾听”是“耳到、眼到、心到、脑到”四种维度的综合效应。

有准备地聆听，往往会有助于你达到预期愿望，使你获得成功。而在人际交往过程中，“倾听”是我们的一门必修课。

（2）所谓的关键词，指的是描绘具体事实的字眼，这些字眼透露出某些信息，同时也显示出对方的兴趣和情绪。透过关键词，可以捕捉到对方喜欢的话题，以及说话者对倾听者的信任。另外，找出对方话语中的关键词，可以帮助我们回应对方。我们只要在自己提出来的问题或感想中，加入对方所说过的关键内容，对方就可以感觉到你对他所说的话很感兴趣或者很关心。

3. 巧妙提问，增强好感

通过你所提的问题，让对方知道你是在很仔细地倾听他的谈话。在面试中，求职者不仅要认真倾听，而且要学会适时提问的技巧。如对自己没有弄清或没有把握的问题，可及时提问：“这么认为，对吗？”以此可以确认自己是否真正弄明白了对方提出的问题。在面试即将结束时，考官通常会主动提出：“你有什么问题想问吗？”这不是客气话，大多数招聘者希望应试者提出问题，更多地发表自己的见解，同时招聘者也可借此进一步了解求职者的水平。对这样的问题，最不好的回答是：“我没有问题了。”你应该抓住时机，弄清自己还未弄清的问题，如“您能否介绍一下这个职位的工作范围”、“能否请您谈谈公司未来几年有什么发展计划”等问题，显示出你对新工作的重视与关心。提问时切记：不要问一些太注重个人利益的问题，如“请问一星期休息多少天”、“这个职位薪水有多少”、“是否有出国深造的机会”、“能解决住房吗”、“能否让我攻读硕士或博士”等

【案例 6－5】

就这样卖掉烟灰缸

有一天，弗莱德以“一个伟大的推销员”的身份被著名的电视节目主持人迈克邀请，出现在迈克的节目中。接下来的事纯属偶然，却展示出弗莱德提问的独特能力。

迈克开始说：“弗莱德！你被誉为世界第一推销员，那就卖点东西给我吧！”弗莱德毫不犹豫，立即提出第一个问题：“迈克，你要我卖些什么给你呢？”迈克这位有数百万元年薪的主持人听到这个问题时，已由攻势处于守势。他略感惊讶，随即环顾四周，回答说：“那好吧！就将这个烟灰缸卖给我吧！”

弗莱德继而问到：“你为什么要买这个烟灰缸呢？”迈克感到很意外，皱着眉说：“喔，它很新，又很漂亮，还是彩色的。此外，我们正在一个新的演播室里，我不想人们随便乱扔烟头。当然了，我们也很想让抽烟的人方便些。”

此时，弗莱德略微思考了一下，突然说：“迈克，你要出价多少来买这个烟灰缸呢？”

迈克结结巴巴地说：“最近我没买烟灰缸……但是，这个烟灰缸又大又漂亮，我想我会出 18 到 20 元吧。”弗莱德在问了三个问题后，说：“好吧！迈克，我以 18 元的价格把这个烟灰缸卖给你！”一场买卖到此结束。

【案例分析】

在这个故事中，推销员弗莱德被主持人迈克邀请做节目，本来弗莱德是被问的对象，然而，他巧妙地运用沟通中问的技巧，从一开始就由守势变为攻势，漂亮地完成了主持人要求卖点东西给他的任务，也使得整个采访沟通过程非常精彩。

4. 约束、控制自己的言行

倾听对方讲话最难也是最关键的技巧之一就是约束、控制自己的言行。通常人们喜欢听赞扬的语言，不喜欢听批评、对立的语言。当听到反对意见时，总忍不住要马上批驳，似乎只有这样，才说明自己有理。还有是过于喜欢表现自己，导致与对方交流时过多地讲话，或打断别人的讲话。这不仅会影响自己倾听，也会影响对方的谈话兴趣和对你的印象。

5. 有鉴别地听，理解对方的真意，弄清楚各种暗示

如果不用心听，就无法鉴别他人传递的信息。例如“太贵了”，这几乎是每一位顾客的口头禅，言外之意是“我不想出这个价”，而不是“我没有那么多钱”。如果不能辨别真伪，就会错把顾客的借口当作反对意见加以反驳，从而激怒顾客，使顾客感到有义务为他的借口进行辩护，无形中增加了推销的阻力。只有在摸清顾客真正意图的基础上，才能更有效地调整谈话策略，有针对性地说服顾客。

学会听弦外之音，避免得出错误结论，产生不良效果。说话的内容里难免有些琐碎的事情以及说话者的疑问和忧虑，这就需要我们从对方的话语中找出主要信息，并弄清楚对方的疑问和忧虑。为此，要善于分析、理解对方的讲话意图，从中找出你所需要的信息。

很多人不敢直接说出自己真正的想法和感觉，他们往往会运用一些叙述或疑问，百般暗示，以此来表达自己内心的看法和感受。但是这种暗示性的说法有碍沟通，因为如果遇到不善于倾听的听众，他们的话意

往往会被人误解，最后可能导致双方失言，甚至引发言语上的冲突。所以一旦遇上暗示性强的话语，应该鼓励说话的人再把话说得清楚一点。

6. 与其他语言手段的协调配合

与其他语言手段一样，倾听也必须与陈述、提问相配合，才能最大限度地发挥作用。这就要求我们积极主动和具有熟练的语言技巧，不应被动地等待他人表达思想，而应为他人创造机会，并在他人陈述过程中恰当地使用语言技巧，让他人感觉到我们关心他们的要求，很想了解他们的问题，也很愿意听他们讲话。

7. 注意核实

在倾听的过程中，为了避免遗漏或误解对方发出的信息，应选择适当的时机和技巧进行核实，即验证自己是否全面、准确地理解了对方的陈述。核实的方法通常是逐词逐句地重复对方说的话。

8. 暗中回顾，整理出重点，并提出自己的结论

当我们和人谈话的时候，我们通常会有几秒钟的时间可以在心里回顾一下对方的话，整理出其中的重点。我们必须删去无关紧要的细节，把注意力集中在对方说的重点和对方的主要想法上，并且在心中熟记这些重点和想法。

暗中回顾并整理出重点，可以帮助我们继续提出问题。如果我们能指出对方有些地方话只说了一半或者语焉不详，说话的人就知道我们一直都在听他讲话，而且我们很努力地想完全理解他的话。如果我们不太确定对方比较重视哪些重点或想法，就可以用询问的方式，让他知道我们对他的谈话内容有所注意。

9. 移情式倾听

所谓移情式倾听，是在倾听中设法从他人的角度来理解他人的感受，并把你的感受反馈回去。倾听时你必须暂时屏蔽自我意识，使自己沉浸在与对方的谈话中，感受他人的情感，并表示关注。

移情式倾听技巧的要点：

（1）面对你的交谈者。

（2）保持开放的姿势。

（3）经常将身体倾向对方。

（4）保持良好的目光接触。

（5）在上述行为中力图做到相对的放松和自然。

（6）移情式倾听着重在使说话者知道他已被了解，因此要在倾听中恰当地表现出你对他的了解。

10. 走进交际距离

爱德华·霍尔（Edward Hall）通过观察和访谈，发现北美人在与他人沟通时有四个层次的空间距离：亲密距离、人际距离、社会距离和公共距离。我们在这里描述一下这些距离的含义，见下图：

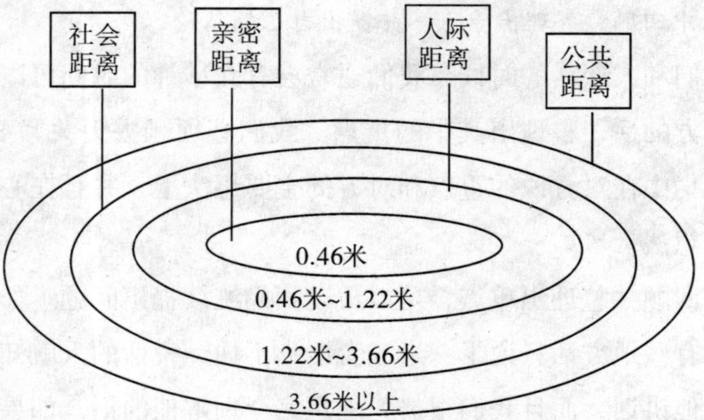

（1）亲密距离适用于我们非常亲近的人，这种空间始于身体接触，向外延伸0.46米适于情侣和挚友之间。

（2）相距0.46米~1.22米之间，是大多数人在进行非正式的个人交谈时保持的正常距离，即人际距离（Personal Distance）。

（3）当你和别人不是很熟悉时，最有可能保持一种1.22米~3.66米的社会距离。

（4）公共距离由3.66米延伸至听觉距离，这一距离大多用于公众演讲中，因为它不适合以上情况的沟通。

【案例6－6】

推销大王乔·吉拉德的教训

美国汽车推销大王乔·吉拉德曾有过一次深刻的教训。有一天上午，一位名人来向他买车，他推荐了一款最好的车给这位名人。那人对

车很满意，眼看就要成交了，对方却突然变卦而去。

乔为此事懊恼了一个下午，百思不得其解。到了晚上他实在忍不住了，就给那位名人打了一个电话："喂！您好！我是乔·吉拉德，今天上午我曾经介绍一款好车给您，眼看您就要买下，可您突然走了。这是为什么呢，您能告诉我原因吗？谢谢！"

"你真的很想知道吗？"

"是的！"

"说实话吧，小伙子，今天上午你根本没有用心听我说话。就在签字之前，我提到我的儿子吉米即将进入密歇根大学读医科，我还提到他的学科成绩、运动能力以及他将来的抱负，我以他为荣，但是你毫无反应。"

乔听后恍然大悟，他失败的原因是他没有用心倾听客户的话。

【案例分析】

在这个故事中，眼看就要成交的买卖，却因乔·吉拉德的不善于倾听而失败。营销过程就是一个沟通过程，在这个过程里，并不在乎你说了多少，而是在于你倾听了多少，客户的需求只有在倾听中方能了解。客户的需求是多方面的，既有对产品的需求，也有被认可和尊重的需求。本故事中的名人在与乔·吉拉德即将成交的时刻，他反复提到引以为荣的儿子，他此时的需求已经不是这辆车，而是乔对他儿子的肯定和赞美，当然这也是对他的肯定和赞美。但是他没有得到，他的需求在这个沟通过程中没有得到满足，所以他放弃了买车。

11. 积极反馈

在沟通中，积极反馈是倾听的表现。反馈就是接收者对于发送者所发信息的反应。反馈使信息交流成为一个过程，而不仅仅是一个事件。通过反馈，个体沟通成为一个动态的双向过程。积极反馈应做到以下几点：

（1）复述对方的话。

倾听过程中，可以用自己的语言将对方的话复述一遍，以验证你是否真的听懂了对方的话。如果你听懂了，对方会有找到知音的感觉，从而进一步和你交流思想；如果你误会了，对方会及时更正，避免继续误会。复述还有助于你记住别人说过的话。

（2）澄清对方的观点。

如果你听后感觉对方的叙述没头没脑，让你一时无法理解，或者你必须得到更多信息才能做出正确的判断，那么你可以向当事人询问发生这些事的背景和详情。因为对于当事人来说，这些事就发生在他身上，在述说中，他常常会忽略背景，也可能只挑对自己有利的一面叙述。之所以要澄清，就是要让对方自己说出事情的真相和他的真实感受，从而理解他的观点。

（3）说出自己真实的理解。

诚实强调的不仅是态度，还是一种技巧。既然要向对方反馈，就要说出自己真实的理解，哪怕是错误的理解，不说出来就停留在误解上，说出来才有可能更正。要在交流的过程中架起心灵沟通的桥梁。

（4）适时赞同，积极回应。

赞成对方所说的话，可以轻轻地点一点头表示赞许。对他们所说的话感兴趣时，要展露一下你的笑容。利用身体语言表达你的意思，可以使对方感到心情愉快，增强谈话的效果。比如点头、欠身、双眼注视对方，或重复一些重要的句子，或提出几个对方关心的问题。这样对方会因为你在专心地倾听而愿意更多、更深入地吐露自己的观点。

（5）反馈的信息应当具体、明确。

在沟通中，反馈的信息越具体、明确，沟通越有效。抽象、模糊的反馈信息往往容易产生一些误会或曲解，对沟通效果不利。

【倾听游戏】

游戏规则：

1. 培训师从报纸上选取两篇故事，字数都在300字左右，故事的性质相近。

2. 培训师请一位学员上台念其中一篇故事，念完后回到座位。

3. 培训师这时拿出一个精致的礼品，说："下面请另一位同学上来念另一篇有趣的故事，故事念完之后，我会就这两个故事的内容提几个问题，谁能回答对，我就把这个礼物送给谁。"

4. 请第二位学员上台念另一篇故事，念完后回到座位。

5. 培训师对每篇故事分别问六个相同的问题，问题包括故事发生的时间、地点和简单情节等。

【游戏讨论】

两个故事字数相当，性质相近，然而对两个故事问题的回答却大不一样，为什么？

【行动学习】

两个人为一组，将你最近的一件新鲜事或一本好书的主要内容等介绍给对方。时间为6分钟，每人3分钟。

【行动反思】

介绍完后，体会一下你在倾听对方讲话时，听到了哪些内容，其中应用了哪些倾听技巧？

第七章　换位思考

“我们每个人都是平等的，你只有用爱来交换爱，用信任来交换信任。”

——马克思

一、怎样才能站在对方的立场上思考问题

换位思考是沟通者站在对方的立场和心理上考虑问题，以寻找共同点。汽车大王亨利·福特说：“如果有所谓成功的秘诀，那必定是能了解别人的立场。我们除了站在自己的立场上考虑之外，也必须有站在别人立场上考虑问题的能力。”

由于人性弱点的限制，人们在处理问题和与人交往时，往往容易立足于自我的立场，更多考虑自己的利益和需要，而忽略了他人的需要，至于从对方的立场来看问题就更难了。所以，我们常常会觉得别人不理解我们，别人做得如何不好，殊不知人家也有同感。但倘若我们转换一下立场，考虑一下对方的需要和感受，以对方期待的方式来对待他，那么，你将得到理解的回报。如果你能经常这样做，那么你不仅掌握了一种高明的融洽人际关系的交往原则，而且掌握了一种通向成功的诀窍——“换位思考”。

心理学上讲的“同理心”，就是指人在沟通的时候，能够从对方的立场去观察和思考，以顺应和附和的方法获得对方的认同，从而达到沟通的目的，这是基于人对“同”接纳及对“异”排斥的规律。

【案例 7－1】

女人真正想要的是主宰自己的命运

年轻的亚瑟国王被邻国的伏兵抓住。邻国的君主被亚瑟的年轻和乐观所打动，没有杀他，并承诺只要亚瑟可以回答一个非常难的问题，就可以给亚瑟自由。亚瑟有一年的时间来思考这个问题，如果一年的时间内不能给他答案，亚瑟就会被处死。

这个问题是："女人真正想要的是什么？"尽管这个问题很难回答，但亚瑟还是接受了这位君主的问题，并承诺在一年的最后一天给他答案。

亚瑟被暂时放回自己的国家寻找答案，他问了许多人，但没有一个人可以给他一个满意的回答。人们告诉他去请教一个老女巫，只有她才知道答案。但是人们警告他，女巫的收费非常高，要求很苛刻。

一年的最后一天到了，亚瑟别无选择，只好去找女巫。女巫答应回答他的问题，但他必须首先接受她的交换条件：和亚瑟最高贵的圆桌武士之一、他最亲近的朋友加温结婚。亚瑟惊骇极了，看看女巫：驼背，丑陋不堪，只有一个牙齿，身上发出臭水沟般难闻的气味，而且经常制造出猥亵的声音。他从没有见过如此不和谐的怪物，他拒绝了，他不能强迫他的朋友娶这样的女人，这会让自己背上沉重的精神包袱。

加温知道这个消息后，对亚瑟说：“我同意和女巫结婚，没有比拯救亚瑟的生命和保存圆桌更重要的事了。”于是婚礼宣布了。女巫回答了亚瑟的问题：女人真正想要的是主宰自己的命运。

每个人立即知道女巫说出了一个伟大的真理，亚瑟的生命被解救了。于是邻国的君主给了亚瑟永远的自由。

来看看加温和女巫的婚礼吧，这是怎样的婚礼呀！亚瑟在无法解脱的极度痛苦中哭泣，加温一如既往地谦和，女巫却在庆典上表现出她最糟的行为：用手抓东西吃，打嗝，放屁，让所有的人感到恶心，不舒服。

新婚的夜晚来临了，加温依然坚强地面对可怕的夜晚，走进新房。是怎样的情景在等待着他呢？一个他从没见过的美丽少女半躺在婚床上！加温惊呆了，问她到底是怎么回事。美丽少女回答说，她在一天一半的时间是她可怕的一面，另一半是她美少女的一面。那么加温想要她在白天或夜晚的哪一面呢？多么残酷的问题呀！加温开始思考他的困境：是在白天向朋友们展现一个美丽的女人，在夜晚面对一个又老又丑如幽灵般的女巫呢，还是选择白天拥有一个丑陋的女巫妻子，但在晚上与一个美丽的女人共同度过每一个亲密的时刻？如果你是加温，你会怎样选择呢？

结果是：加温没有做任何选择，只是对他的妻子说：“既然女人最想要的是主宰自己的命运，那么就由你自己决定吧。”

于是女巫选择白天夜晚都是美丽的女人。

【案例分析】

在这个案例中，加温不是按自己的意愿来安排妻子的两面，而是站在妻子的角度，让妻子自己主宰自己的命运，结果是加温得到了白天夜晚都美丽的女人。有时我们很自私，以自己的喜好去安排别人的生活，却没有想过别人是否愿意。而当你尊重别人、理解别人时，往往得到的更多。如果我们对别人多一些爱心，多一点关怀，我们是不是会得到更多的回报呢？多换位思考，多站在别人的立场上考虑问题，也许得到的会更多。

【案例7－2】

我要让你知道

妻子正在厨房炒菜。丈夫在她旁边一直唠叨不停：“慢些”，“小心”，“火太大了”，“赶快把鱼翻过来。快铲起来，油放太多了”，“把豆腐整平一下。哎唷，锅子歪了”。“请你住口！”妻子不耐烦地说，

“我懂得怎样炒菜。”

“你当然懂，太太。”丈夫平静地答道，“我只是让你知道，我在开车时，你在旁边喋喋不休，我的感觉如何呢？”

【案例分析】

在这个案例中，丈夫开车时妻子喋喋不休，可能让他很难受，因此，他用同样的态度来对待炒菜中的妻子，希望妻子能明白一个道理：生活中需要换位思考，学会体谅他人。其实，学会体谅他人并不困难，只要你愿意认真地站在对方的角度和立场考虑问题。

【案例 7－3】

解读《三只小猪的真实故事》

“儿子，你知道《三只小猪》的故事吗？”

“知道呀！”

“可以给妈妈讲讲吗？”

“就是第一只小猪盖了间草房子，结果被大灰狼一口气吹塌了，然后它被大灰狼吃了。第二只小猪盖了一间木头房子，结果被大灰狼推翻了，也被大灰狼吃了。第三只小猪盖了一间石头房子，很结实，大灰狼怎么也进不来，最后想爬烟囱进来，结果被小猪给烧死了。”

“儿子，你讲得太棒了！这个故事流传了很多年，大家都是这样讲的，所有的人都认为贪婪的大灰狼害死了两只小猪，最后得到了应有的惩罚。可是今天妈妈看到了一个新的说法，原来三只小猪的故事并不是这样的。”

儿子奇怪地问我：“那是怎样的呀？”

看儿子一脸好奇，我拿出了今晚共读的故事《三只小猪的真实故事》，向儿子讲述事情的“真相”。

这本书的作者是美国的乔恩·谢斯卡。他通过一只大野狼的口述向我们展示了事情的“真相”。大野狼很委屈，因为大家都误解他是“坏蛋大野狼”，但事实上他很善良，没有故意伤害小猪们，所有的一切都源于他的喷嚏和一杯糖。

这只大野狼非常孝顺，他的奶奶要过生日了，他准备给奶奶做一个生日蛋糕。但这时他得了重感冒，而且他缺少糖。

于是，他向他的邻居——一只小猪家走去，试图借一些糖，这只小猪住在一个草房子里，他走到小猪家门口时碰巧打了一个喷嚏，小猪的草房子就塌了，小猪被砸死在房子里，大野狼只好把他吃了，就像吃掉一个好大的起司汉堡。

然后他继续向他的第二个邻居走去，这个邻居也是一只小猪，他住在一间树枝盖的房子里。大野狼向小猪表明来意，小猪粗暴地拒绝他，这时又是一个无法抑制的喷嚏，树枝盖的房子也塌了，这只可怜的小猪也被砸死了。大野狼本着不浪费的原则只好吃掉了他。

最后大野狼来到了第三个邻居家，同样是一只小猪，但是他盖了坚固的石头房子。大野狼借糖的要求被小猪粗暴地拒绝了，并且他出口侮辱了大野狼的奶奶，这一下激怒了大野狼，大野狼拼命地想要打破小猪的房门。

此时警察来了，制止了他。记者们为了追求故事的刺激，歪曲地报道是他故意杀死前两只小猪，并把他们当晚餐吃了，让他背上“坏蛋大野狼”的名声。他真的很冤枉呀！

故事讲完了，儿子听得很入迷，这是让儿子耳目一新的故事，和我们以前听到的故事完全不同。我问儿子：“你觉得哪个更真实些？”儿子想了想说：“大野狼说的也许是真的吧！”我说：“为什么呢？”儿子犹豫地说：“大野狼和小猪是邻居，怎么会故意杀害小猪呢？邻居之间是应该互相帮助、相亲相爱的呀！”我为儿子的善良喝彩，同时我搂着他说：“这就是我们常说的‘公说公有理，婆说婆有理’，其实这里面蕴含的是一个换位思考的问题。站在小猪的立场上，狼天性是要吃猪的，所以小猪不可能相信狼仅仅是为了借糖而来到自己家，他当然认为狼是凶手，是坏蛋。然而，站在狼的立场上，他认为死猪不吃就是浪费，不是他有意，是天意让小猪成为他的口中餐。他是冤枉的，事实上他很善良。”儿子专心地听着，我接着说：“其实生活中很多事我们都应该学会换位思考。站在自己的角度想答案可能是这样，但是站在别人的角度上想答案可能截然不同。多站在对方的角度想想，才能理解对方，这样才能更好地与人相处。对吗？”儿子若有所悟地点点头。

【案例分析】

《三只小猪》是安徒生的童话故事，许多家长和小孩都耳熟能详，而乔恩·谢斯卡的《三只小猪的真实故事》却让家长和小朋友耳目一新。主要是因为作者带领大家从另一个立场去考虑问题，即站在狼的立场上，狼并没有错。为什么我们在《三只小猪》的故事里责备狼呢？那是因为我们站在小猪的立场来考虑问题，狼是凶残的。

二、怎样在认同中换位思考

沟通中我们往往容易将自己的观点、对某一件事或某一个人的态度，甚至自己的价值观强加于别人，这是沟通之大忌。因为每个人的生活环境、成长经历、教育背景不同，其价值观、态度就可能有所不同。这个时候，如果沟通者一味强调自己的态度或见解，甚至希望将自己的价值观和态度强加于他人，往往使沟通很难继续。因此，在沟通中首先需要承认彼此之间在价值观等方面的差异，认同这些差异，并积极寻求相同、相似或相近之处。一个人接纳他人的态度和价值观并不难，但是要把这种价值观加到他人的人格上就比较难。每个人只有认识到这一点，在沟通中才会换位思考。

三、换位思考的效果对比

在《人性的弱点》一书中，卡耐基研究发现人性的弱点在于每个人都希望和喜欢别人肯定、鼓励和赞扬自己，而害怕批评、斥责，抵触他人对自己挑毛病、泼冷水。在沟通中我们表达一个意思往往有不同的方法，也往往会产生不同的效果。试比较下面几组表达：

第一组：

表达1：你这个笨蛋，连这点小事都做不好！你还能做什么事？

表达2：别急，没做好不要紧，我来告诉你怎么做。

第二组：

表达1：你完了，上次考四十几分，这次考五十几分，你怎么总考不及格啊？你究竟长脑子没有？

表达2：虽然成绩还不够理想，但比上一次有进步。我相信通过努力，你一定会有更大的进步。

第三组：

表达1：我什么地方惹着你了，一天到晚拿脸色给我看，你当你是谁啊！

表达2：你好像不太高兴，是不是我有什么地方做得不好？

第四组：

表达1：你怎么老是丢三落四，没个收拾，看你的房间像个狗窝一样乱七八糟，到时肯定又找不到东西。

表达2：每次做完功课后记得把东西归位，这样你的房间就会整齐干净很多，找东西就不会那么麻烦了。

上述每一组的表达1和表达2都是要表达同一个意思，但是表达的效果大不一样。表达1是一种非换位思考的表达方式，重在指责对方的缺点、批评对方的错误或否定对方的优点，往往让对方难以接受。而表达2则是一种换位思考的表达方式，站在对方的角度思考问题，出于关爱、帮助对方的语气，对方易接受。

【换位思考游戏】

销售中的异议

游戏规则和程序：

1. 分组：2人为一组，分别扮演销售人员A和顾客B。

场景一：A现在要将公司的某件商品卖给B，而B则想方设法地挑该商品的各种毛病，A的任务是一一回答B的这些问题，即便是一些吹毛求疵的问题也要让B满意，不能伤害B的感情。

场景二：假设B已经将该商品买了回去，但是商品现在有了一些小问题，需要进行售后服务，B要讲一大堆对于商品的不满，A的任务是帮他解决这些问题，提高他的满意度。

2. 交换一下角色，然后再做一遍。

3. 将每个组的问题和解决方案公布于众，选出最好的组给予奖励。

【游戏讨论】

1. 如果你扮演的是A，你对B的无礼态度有什么感觉？在现实工作中你会怎样对待这些顾客？

2. 如果你扮演的是B，A怎样做才能让你觉得很受重视、很满意？如果在交谈的过程中，A使用了像“不”、“你错了”这样的负面词汇，你会有什么感觉？谈话还会成功吗？

【游戏总结】

1. 对待顾客的最好方法就是要真诚地与他沟通，站在他的角度思考问题，想方设法地替他解决问题；能够解决的问题尽快解决，不能解决的要对顾客解释清楚，并且表示歉意；有时候即便顾客有些不太理智，销售人员也要保持微笑与冷静。

2. 在交流的过程中，语言的选择非常重要，同样的意思用不同的话说出来意思是不一样的，多用一些积极的词汇，尽量避免使用否定、消极的话语，这样才能让顾客心里舒服、满意。

【行动学习】

研发部王经理刚上任，就想对研发部的懒散作风进行一次整顿。有主管提醒王经理：小张可能是这次整顿中的“钉子户”。王经理找员工了解了小张的情况：小张是研发部的技术骨干，一直表现不错，年轻漂亮而且很勤奋，很得以前领导的赏识，但最近半年来经常迟到早退，主要原因是小张的小孩才 8 个月，而且孩子经常生病。

一天早上，王经理又去办公室各个岗位看看大家的工作状态，刚好又遇上迟到的小张。王经理将小张叫到会议室。

如果你是王经理，你将如何与小张沟通，并妥善处理这件事？

【行动提示】

在与小张沟通时需要考虑以下因素：

1. 刚上任的经理与员工之间的了解相对少一些。

2. 小张是技术部的骨干，很勤奋，而且一直表现不错，只是最近半年来经常迟到早退。

3. 作为公司的一名员工，经常迟到肯定影响不好。

4. 小张的困难确实存在。

第八章　幽默是“金”

“可以说，诙谐幽默是人们在社交场上所穿的最漂亮的服饰。”

——英国著名作家萨克雷

幽默是一种智慧，巧妙地运用幽默可以使沟通顺畅。可是浮躁难以幽默，装腔作势难以幽默，钻牛角尖难以幽默，捉襟见肘难以幽默，迟钝笨拙难以幽默，那究竟怎样才能幽默呢？只有从容、平等地待人，超脱，游刃有余的聪明者才能幽默。幽默是自然而来，发自内心，是遇到某些情况时脱口而出的语言。

如果说沟通是一个万花筒，幽默则是万花筒中变化无穷的精灵。幽默是一种潇洒的智慧，是一种深邃的沟通，是一种交流的艺术，也是一种讨人喜欢的风度。

一、幽默是沟通最好的清凉剂

日本人及德国人同被称为两个特别拘谨的民族，他们普遍不太幽默。相反英国人却以富有智慧的民族性格而颇受世人的尊敬，因为他们善于使用他们的幽默感。丘吉尔就是一个有名的幽默人物，在第二次世界大战期间，无论在多么艰难的情况下，他总不会忘记以幽默的方式来鼓励世人与其共度难关。在政治家的公开演说中，倘若演说者不懂得以幽默的话语来缓和演说会场的严肃气氛的话，就有可能被列入不具备政治家气质之列，这一点可以说是英国的传统。

在中国，由于受传统礼教的影响，在对话或会面里，如果在言语间渗入些许机智、幽默等的话语，往往会被讥笑为不成体统等，总之就是不会被多数人所接受，说话人自然被视为相当不明智了！受传统观念的影响，很多人认为在面谈的时候，必须正正经经地以严肃的态度来进行。但在面谈不顺、言穷词拙、无法很好沟通的情形下，适当的幽默可以有效缓解尴尬的气氛。

【案例 8－1】

“泰远”旅社

台湾花莲县有一家叫做“泰远”的旅社，它坐落于四季宜人的风景名胜区内。曾经有一位保险业务代表前往该旅社向老板劝说投保，当他与那家旅馆老板在旅馆中商谈时，与一般准保户的反应一样，那位老板对他说：“这件事情让我再考虑一下，因为我还需要请示一下我的太太。”这家旅馆名叫“泰远”，与“太远”同音，因此在听完老板的推脱之词后，这位业务代表就这么对他说：“来到贵旅社‘太远’，如是‘太近’的话，多来几次也无妨。偏偏我身居在遥远的台北……”那位老板听后忍俊不禁，结果这位业务代表当天就谈成了这笔生意。

【案例分析】

有时候，小小的幽默能发挥莫大的作用！幽默与面谈中机智寻找幽默材料、预先准备等因素并无必然联系，重要的是你是否有幽默的心态。幽默是成功营销不可或缺的一大要素。

二、幽默是化解危机的灭火筒

有时候，善用幽默可以减少人们交往中的摩擦，有助于化解矛盾，拓展人脉，使人们之间的沟通更加顺畅，使人际关系更加和谐。下面介绍几种幽默的作用和应用方法：

1. 自我解嘲

自我解嘲是生活中常见的一种心理防卫方式，也是一种生活艺术，是自我安慰和自我帮助的途径，也是面对人生挫折和逆境的一种积极、乐观的态度。同时，自我解嘲还是一种很有效的语言工具。学会自我解嘲，可以幽默而不失风度，并且是摆脱窘境的最好办法。

【案例8－2】

我像是一堆便士里的铸币

美国幽默作家霍尔摩斯有一次出席一个会议，他是与会者中身体最为矮小的人。“霍尔摩斯先生，”一位朋友脱口而出，“你站在我们中间，是否有鹤立鸡群的感觉？”霍尔摩斯反驳了他一句：“我觉得我像一堆便士里的铸币。铸币面值10便士，但比便士体积小。”

【案例分析】

在这个案例中，霍尔摩斯因个子矮小受到朋友的嘲弄，但他没有发怒，反而称自己是“一堆便士里的铸币”，用自我解嘲的方法化解了自己的尴尬，也回击了对方。

【案例 8－3】

我是由别的星球到达地球的第一个人

第一次登陆月球的太空人，其实有两位，一位是大家熟悉的阿姆斯特朗，另一位是奥德伦。当时阿姆斯特朗的一句话“我个人的一小步，是全人类的一大步”早已成为家喻户晓的名言。在庆祝会上，有记者突然问奥德伦：“由阿姆斯特朗先下去，成为登陆月球的第一人，你会不会觉得有点遗憾?”

奥德伦很有风度地回答：“各位千万别忘了，回到地球时，我可是最先走出太空舱的，所以我是由别的星球到达地球的第一个人。”大家在笑声中给了他最热烈的掌声。

【案例分析】

在这个案例中，记者的突然发问使奥德伦处于被动状态，而且问题很敏感。但是，奥德伦没有直接回答记者的问题，而是间接地表达出：尽管我不是第一个登上月球的，大家也不应该忘记我，我是第一个从其他星球到达地球的人。奥德伦的自我解嘲既机智又有幽默感，不仅化解了记者的刁钻问题，也不失时机地宣传和展示了自己的成功和智慧。

有的人在与人的交往、沟通中听不得半点“逆耳之言”，只要别人的言语稍有不恭，不是极力辩解就是大发雷霆，其实这样做是十分愚蠢的。这不仅使你无法赢得他人的尊重，反而会让人觉得你不易相处。而采取虚心、随和的态度，以自我解嘲的方式缓和一下双方之间的紧张气氛，将使你与他人的合作更加愉快。

【案例 8 -4】

罗斯福使劲咬断了 17 棵树

曾任美国总统的罗斯福年轻时体力比不上别人。有一次，他与人到白特兰去伐树，晚上休息时，他们的领队询问白天各人伐树的成绩，同伴中有人答道：“塔尔砍倒 53 棵，我砍倒 49 棵，罗斯福使劲咬断了 17 棵。”

这话对罗斯福来说可不怎么顺耳，但他想到自己砍树确实和老鼠做窝时咬断树根一样，自己不禁笑着默认。

【案例分析】

正如林语堂先生所说：智慧的价值就是教人笑自己。在现实生活中，拿自己的错误开开玩笑，使人开怀大笑，便已铺下了友谊之路。具有幽默色彩的玩笑是与别人进行内心沟通的捷径。

2. 化解冲突

幽默往往可以通过大家同笑的方式弥补人际间的思想鸿沟，架起感情沟通的桥梁，增加人际间的信任，化解冲突。

幽默是解决各种矛盾和问题的最好办法之一。

【案例 8－5】

约翰警官

约翰是一个极富幽默感的警官，无论什么案件或难题，在他手中总能迎刃而解，所以在警署里他总是受到同事们的青睐。星期日，在闹市区的一个路口，有个持不同政见者正在发表演讲："如今的政治腐败透顶了，我们应把众议院和参议院统统烧了！"由于他的演讲，行人越聚越多，堵塞了交通，警察赶到时，秩序大乱。正在无从下手之时，约翰急中生智地大声喊："同意烧参议院的站到左边，同意烧众议院的站到右边。"只听"唰"地一声，人群顿时分开，道路豁然畅通。

【案例分析】

在这个案例中，如果按常规思路，警察赶到，要么应用怀柔政策，给大家讲道理、做思想工作，请大家不要堵塞交通；要么使用武力，强行驱散人群。第一种方式的效果可能是：人越聚越多，不仅思想工作没有做通，而且交通更加拥挤，等到这些人的怨气消了，有可能会渐渐离去。第二种方式的效果可能是：人们被强行驱散，但是怨气更大，说不定换个地方又开始了。但是，约翰警官这一招不费任何力气，极短时间内解决了交通问题。我想这些站到两边的人群也会因为约翰的幽默而理解和支持警察的工作。

【案例8-6】

幽默的萧伯纳

有一次，萧伯纳不幸在伦敦街头被一个骑自行车的人撞倒，虽然没有受伤，但也把他摔得够呛。骑自行车的人立即扶起这位作家，不安地不停向他道歉。然而萧伯纳出人意料地打断他的道歉，对他说："先生，您比我更不幸。要是您再撞得重一点，就可以作为撞死萧伯纳的好汉名垂史册啦！"幽默给了萧伯纳惊人的自制力，他的幽默也使双方摆脱了尴尬。

【案例分析】

一句得体的幽默所带来的感情冲击有足够的力量来消除人际间的误会和纷争，能够让人际关系变得更加和谐融洽。因此，幽默是一种富有感染力和人情味的沟通艺术。

【案例 8－7】

机智的哲学家

1712 年英法战争时，法国著名的哲学家伏尔泰（Voltaire）正在英国旅行，落到了愤怒的英国人手里。

“把他吊死！把他吊死！”英国人喊着。

伏尔泰被带上绞刑台。幸亏他的英国朋友及时赶到并疾呼：“他是一名学者，不参与政治，不能把他处死。”

“但他是法国人！”愤怒的人群吼道，“是法国人就该死。”两边正争执不下的时候，伏尔泰举起双手说：“能不能让我这个临死的人说几句真心话？”

场面一下子安静了。

“各位英国朋友！”伏尔泰对着群众鞠了个躬，然后说：“你们要惩罚我，只因为我是法国人。但是各位想想，我生为法国人，却不能生为高贵的英国人，这对我的惩罚还不够吗?”

英国人全笑了起来。

伏尔泰居然被放了。

【案例分析】

在这个案例中，伏尔泰用幽默化解了危机，挽救了自己的生命。这是一个相对极端的故事，即在生命受到威胁时，幽默居然可以化解。在平时的生活及工作中，我们偶尔会面临一些信任危机、感情危机，尽管不是威胁生命的危机，但不妨尝试用幽默去化解。

3. 消除尴尬

真正的幽默可带来会心的一笑，从而化解令人十分尴尬的场面。

【案例8－8】

中国蟑螂爱吃中餐

在一家外资企业，有一天一位中国雇员被美国老板叫进了办公室，但是在拿桌上的文件时，他不小心把这位老板的一杯可乐打翻在办公室的地毯上，他想老板肯定会异常恼火，因为可乐泼在办公室地毯上，蟑螂肯定会大规模袭击办公室，美国人最讨厌蟑螂进入办公室。于是，他

手忙脚乱地赶紧收拾。没想到美国老板微笑着说："你不用担心蟑螂会进来，绝对不会发生这种事，因为现在是在中国，中国蟑螂比较爱吃中餐，对于可乐可能没那么大兴趣。"说完之后，两个人都朗声大笑。

【案例分析】

在这个案例中，雇员不小心打翻老板的饮料，担心会因此让老板的办公室遭到蟑螂的袭击，所以非常紧张，也很尴尬。面对这种尴尬的局面，老板表现得非常好，他用幽默使尴尬的场面立刻轻松起来，雇员一定会感激不尽，日后会非常小心。此时，雇员已经很紧张，而且这个过错不是故意的，如果老板再批评几句，雇员可能会受不了，场面也可能更尴尬。

【案例 8－9】

幽默机智的服务员

不好意思，我是行动迟缓的动物

在一家餐馆里，由于餐馆上菜时间拖得太久，顾客有些不耐烦了。

顾客：我的菜还没有做好吗？

服务员：您点的是什么菜？

顾客：炸蜗牛。

服务员：请您再等一会儿，我马上去催。

顾客：（生气地说）我已经等了半个多小时了。

服务员：这是因为蜗牛是行动迟缓的动物……

于是两人都笑了。

【案例分析】

在这个案例中，本来气氛已经很紧张，但由于服务员巧妙地运用语言艺术，用蜗牛的缓慢来比喻厨师的迟缓，从而营造出一种诙谐的气氛，缓和了顾客的情绪，化解了紧张的局面。像上述这种场面我们平时在日常生活中可能经常遇到，有些餐馆由于服务员处理不当，往往导致局面更加尴尬。例如，有的极力辩解上菜迟的原因，有的不做任何解释，有的服务员干脆找个借口回避，有的甚至以怨报怨等。

【案例 8－10】

林肯的幽默

一次，当一位朋友来拜访林肯总统时，正好有一队士兵在门外等候林肯训话。

林肯请这位朋友随他外出，并继续和他谈话。当他们行至回廊时，军队齐声欢呼起来。那位朋友这时本应识趣地退开，但他并没有意识到这一点。于是，一位副官走到那人面前，嘱咐他退后几步。他这时才发现自己的失态，窘得满脸通红。但是，林肯立即幽默地说："白兰德先生，你得知道他们也许分辨不出谁是总统呢！"在那难堪的一瞬间，林肯用他的机智十分巧妙地化解了这一窘迫的局面。

【案例分析】

其实在生活当中，我们每个人都可以变得幽默一些，因为幽默并不是天才、智者、喜剧演员的专利品，只要你学会让嘴角往上翘，换个新角度欣赏事物，即可学会幽默，缓解尴尬场面。

要善于使用幽默的技巧，就需要具有一定的智慧。一个才疏学浅、举止轻浮、孤陋寡闻的人是很难生出幽默感来的。要学会幽默的艺术，必须具备以下几个方面的能力：广博的知识和深刻的社会经验；敏锐的洞察力和丰富的想象力；高尚优雅的风度和镇定自信、乐观轻松的情绪；良好的文化素养和语言表达能力。

据说萧伯纳少年时就很懂幽默，人又聪明，但是由于他滥用幽默，出语尖酸，人们听他说一句话，便有“体无完肤”之感。有一次，一位朋友在散步时对他说：“你现在常常出语幽默，不错，非常风趣可笑。但是大家常常认为，如果你不在场，他们会更快乐，因为他们都感到自己比不上你。有你在，大家便都不敢开口了。你的才干确实比他们略胜一筹，但这样一来，朋友将逐渐远离你，这对你又有什么益处呢?”朋友的话使萧伯纳如梦初醒，从此他改掉了滥用幽默的习惯，而把天才发挥在文学上，最终建立了他在文坛上的崇高地位。

幽默是人际交往的润滑剂。学会恰当地运用幽默，会使人们之间的沟通更加顺利，人际关系更加和谐。幽默是我们生活的调料，它使我们的生活更加有滋有味。但是，再好的调料也不可滥用，就好比盐，用一点可以使菜的味道鲜美，但用得太多便会让人难以下咽。在沟通时，幽默要运用得当，方可发挥它的魅力。

三、幽默是智慧和健康的源泉

幽默的人，肯定是热爱生活的人，也是有智慧、有能力，并且很有气质和教养，对自身充满无限信心的人。恩格斯说：“幽默是具有智慧、教养和道德优越感的表现。”有一次，美国多家大公司的行政主管参加了一项幽默意见调查，结果显示：“97%的主管人员相信，幽默在商业界具有很重要的作用。”克雷夫特公司总裁毕尔斯认为：“幽默感是衡量一个领导人是否具有活泼、弹性心智的重要标志。有幽默感的人通常不会把自己看得太重要，而且有能力决策。”

社会生活中，也许我们面对别人的飞黄腾达会感受到很大的精神压力；也许我们终日忧虑自己的年龄和外表，慨叹青春不再。而幽默的力量，可以让我们缓解紧张、消除烦恼，无论是对工作、年龄还是金钱的烦恼。更为重要的是，笑作为一种简单又愉快的运动，是有利我们的身心健康的。现代医学证明，笑对心脏有益，能调节过低或过高的血压，促进消化功能，增强活力并延长寿命。

当你生病住院或遭受意外伤害时，幽默会让你好受一些。一位老妇人在雪地上摔了一跤，跌断了左臂，肩部也脱了臼，她笑着对朋友说："如果你有这样的机会千万不要肩膀脱臼，宁可跌断手臂。"

在现代人际沟通中，幽默感越来越重要，甚至被誉为无国籍的亲善大使。无论你从事什么职业，幽默都能使你顺利地改善困难的处境，在社交场合建立起和谐的人际关系，让你成为一个能克服障碍、乐观、为他人所喜欢和信任的人。

四、得体的幽默才能真幽默

沟通中，幽默必须得体。人们都知道幽默是一种智慧的表现，是以智力为基础的，但并不等于机智。机智可以把似乎风马牛不相及的事物巧妙地融为一体，而非在文句上搬弄辞藻，但是幽默的使用要得体，恰到好处。

1. 不要滥用幽默

幽默本身有很多积极的作用，但幽默并不是没有节制的，不是随时随地都可以运用，只有在某些特定的场合和条件下才可幽默。例如，在一个正式会议上，当你的同事在发言时，你突然冒出一两句逗人的话，也许大家被你的幽默逗笑了，但发言的同事心里肯定不舒服，认为你不尊重他，对他的发言不感兴趣。

2. 适当、适度地幽默

"幽默运用得当，可以是快乐、强劲、振奋人心的，这时幽默的力量可以促进轻松、胜利，并化为无穷的活力。"（美国特鲁·赫伯语）适度就是要适时和适量。幽默的运用应从沟通对象的实际出发，适合对方的认知水平，以共同的认知背景为基础，否则就是对牛弹琴。

3. 无须硬幽默

如果你的条件不具备，你却要尽力表现出幽默，必定勉为其难，令彼此陷入非常尴尬的境地。

五、幽默三部曲

1. 用"趣味思维方式"捕捉生活中的喜剧因素

"趣味思维"是一种反常的"错位思维"，用趣味思维方式思考的人不同于普通人的思路，而是"岔"到有趣的那一面去。演说家罗伯特是个光头，有人取笑他总是出门忘了戴上帽子。他说："你们不知道光头的好处，我可是天下第一个知道下雨的人。"罗伯特并不为自己的秃头苦恼，反而"美化"秃头，这是用"趣味思维方式"捕捉自己身上的"喜剧因素"，他的思维"错位"使他想到的和别人大相径庭。

2. 在瞬息构思上下工夫，掌握必要的技巧

幽默风趣是一种"快语艺术"，它突破惯性思维，遵循反常原则，想得快、说得快，触景即发、涉事成趣，出人意料之外却又在情理之中。要注意灵活运用修辞手法，极度的夸张、反常的妙喻、含蓄的反语以及对比、拟人、移就、对偶等都能增添幽默。另外，选词的俏皮、句式的奇特也能幽默成趣。表达时，特殊的语气、语调、语速以及半遮半掩、浓淡相宜或者委婉、引而不发的话语，甚至一个姿势，一个心照不宣的微笑，都能意味深长地表现幽默和风趣。

3. 注意搜集俯拾皆是的素材

我们的生活丰富多彩，到处都有许多有趣的素材，这些素材无意识

地进入我们记忆库的很多，如果我们做个“有心人”，就会使自己的语言材料丰富起来。例如谚语、格言、趣闻、笑话等，我们可以提取、改编并加以利用，这样我们的语言就会增加许多趣味性的“调料”。

譬如有位女教师用“启发式”上了一节课，得到很高的评价，但她说：“麻雀哪里能飞得过大雁啊！”这句话包含自己“启发式”教学有待进一步改进的自知之明，也是风趣、得体的自谦。她的话之所以风趣，是因为她从丰富的语言储备库里选用了一句民谚。幽默风趣较多运用于应变语境，作为沟通方式的终结，幽默风趣的表达是语言较高境界的体现。通过“趣说训练”，要在进一步提高心理素质的同时，习惯使用“趣味思维方式”，习惯使用“错位”语言艺术表现风趣和幽默，并掌握几种常见的幽默表达技巧。通过说俏皮话、调侃、自嘲、讲笑话、说相声等手段加以训练，让表达更风趣、诙谐，更有吸引力。

平时，我们要认真仔细地观察生活、观察人，要善于用自己的眼睛看点、看面、看过去、看现在、看将来……总之，要做“有心人”，把生活中各种各样的题材储存在头脑的“仓库”里，不要让生活中许多生动有价值的材料从自己身边溜掉。当然，仅仅依靠观察所得的题材是不够的，还必须广泛涉猎各种报章杂志去获取信息，这样才可以建立起自己的“幽默库”，以备不时之需。

表达时应坚持一个原则：凡是能突出、烘托主题的材料就选用，否则就舍弃。表达者自己受感动的题材，听者也可能会感动。表达时选用的题材最好具有较强的吸引力。一般来说，具有较强吸引力的题材应具备以下四个方面的特点：新、实、趣、道。新就是要有新人、新事、新成果、新情况，反映新面貌，讲出新世“道”；实是具体、实在，使听众感受得到，而不是空洞抽象的说教；趣是有动人的情节，能引起悬念，活泼风趣，具有幽默感；道是富有规律性、逻辑性，使听众感到有条有理，心悦诚服。说话时选用典型生动的题材，可以深刻地揭示事物的本质，烘托主题。

只有题材真实，主题才能站得住脚，才有说服力。如果题材虚假，或者编造题材，或者选用偶然的、个别的、表面的东西作为题材，那样就不能反映客观事物的本来面目，所说的话也就意义不大。

题材的真实离不开题材的准确可靠，它包括准确的人物、事件、情节、经验、时间、地点、数字、引文等。对撰写演讲稿所用的题材，必须是经过认真调查、核实过的，如果条件许可，要尽可能多地使用第一手题材，不要一味追求那种所谓“生动”、“吸引人”以及“合理想象”、“添枝加叶”的语言。

知识是说话的建构题材和资本。一个人话说得好不好、通不通、对不对，都是直接或间接与其拥有的知识有关。一个知识贫乏的人，不可能展开丰富的谈话，如果与别人做长时间的交谈，必然会内容空洞，枯燥乏味。

学习一段时间的知识是无法够用一辈子的，所以必须时刻去吸收新的知识，从而使自己的知识不断增长、更新。平时积累知识作为以后谈话的备用材料，再在听、谈、看和读的过程中吸收或扩展自己可用的知识，乃至分析、提炼对手的谈话，为己所用。

每次看报纸、杂志时，把有趣的知识性新闻记一两条，渐渐地，你便会记得不少有趣的事了。只要坚持两三个月，你就会发觉你的脑子里装了不少知识，思想也比以前丰富了，到谈话的时候，这些平时“捡来”的知识就会跳出来帮助你，佐证你的谈话，充实你谈话的内容。

除了从报纸杂志上积累，还可从每天听到的事中有意识地整理一两件，把它装进脑子。总之，不要让一天什么都没记着就过去了，总要给自己留下点将来有用的东西。

【行动学习】

公司月度营销工作会议上，何总监听了前面几个区域经理的营销工作汇报，阴沉着脸，很不满意，会议室的气氛顿时紧张压抑起来。现在轮到陈经理汇报区域营销工作了，营销副总监想缓和一下气氛，提醒大家："陈经理负责的这个区域可是块硬骨头啊，大家把眼睛睁大了，看看他是怎么啃的，都学着点啊！"大家都忍不住笑了，会场气氛暂时缓和，如果你是陈经理，你将如何"接力"这个幽默，使会场气氛进一步轻松起来？

【行动学习提示】

在这个行动学习中，陈经理应积极考虑以下因素：

1. 大家都不希望会场气氛如此压抑。

2. 营销副总监把陈经理的汇报比喻成啃骨头，而且把"听"故意说成"看"，这既是一种幽默，也有一种强烈的现场感。他希望陈经理接下来的汇报能够使会场气氛轻松一些。

3. 陈经理现在面临的场景既需要回应刚才营销副总监的诙谐玩笑，同时也需要考虑如何让自己的汇报不使营销总监继续阴沉着脸。

第九章　让你的身体说话

“有一种东西，比我们的面貌更像我们，那便是我们的表情。还有另外一种东西，比表情更像我们，那便是我们的微笑。”

——雨果

身体语言本身是一种沟通方式，巧妙地与口头语言结合可以使沟通更加有效。在沟通中，既可以通过了解对方的身体语言来作出相应的反应，也可以运用身体语言去感染对方。例如，当你与对方进行沟通时，发现对方表现出一脸呆滞的样子或者只是木然凝视，那么，马上要意识到对方已经分心或者在想其他的事情，即对你的沟通不感兴趣。

在面对面沟通时理解对方的身体语言非常重要，只有理解了对方身体语言所表达的意思，你才有可能作出恰当的反馈。在沟通中，身体语言信号一般有以下几种情况：合作的身体语言信号、思考的身体语言信号、漠不关心的身体语言信号、自信的身体语言信号、多疑的身体语言信号、消极的语言信号。

一、身体语言信号

1. 合作的身体语言信号

在面对面沟通中，如果对方的表现为：微笑、点头、目光专注、注意力集中、轻松的举止与开放的姿态、头微微倾斜。这些身体语言传达的信号可能是合作、热情与赞同。

对于这种身体语言信号，沟通者应作出积极的反应：

（1）真诚地感谢对方。例如，客户在赞许我们的产品或服务时。

（2）保持相应的热情。例如，给对方以微笑、点头等。

（3）保持开放式的身体语言。例如，身体微微前倾、举止轻松。

2. 思考的身体语言信号

在面对面沟通中，如果对方的表现为：若有所思、反复摆弄着某件物品沉思、专注于某一个点；两眼瞪视；头下垂，双眼微闭；一手托着下巴；嘴里喃喃自语“嗯，嗯……”传达的信号可能是在评估、思考与犹豫。

对于这种身体语言信号，沟通者应作出如下反应：

（1）不要突然打断对方的思考，给对方适当的思考时间，然后找机会提醒对方从思考中回来。

（2）试着找出对方举棋不定的原因，让对方坚定信心。

（3）可以通过提问的方式，尽量让对方把所想的东西表达出来。

3. 漠不关心的身体语言信号

在面对面沟通中，如果对方的表现为：在椅子上坐立不安、眼睛东张西望、双脚敲地板、手指敲桌子、时不时看手表、身子转向一边。这些身体语言传达的信号可能是不感兴趣、焦躁不安或疲惫不堪。

对于这种身体语言信号，沟通者应作出如下反应：

（1）转换话题，寻找共同的兴趣点，让对方真正参与到沟通中来。

（2）注意时间，看是不是超出了预定的沟通时间。

4. 自信的身体语言信号

在面对面沟通中，如果对方的表现为：说话速度慢；两眼凝视，时刻准备挑战；身体后仰靠着椅子；两手抱着后脑勺；双手合并成人们通常所说的“祈祷”形状，即合成十字形；脸部表情很平静。这些身体语言传达的信号可能是对方坦然自若，有种优越感。

对于这种身体语言信号，沟通者应作出如下反应：

（1）保持自信、冷静，不要受对方优越感的影响，甚至可以检查一下自己的表现，看看自己是不是有些紧张。

（2）尽量做到不卑不亢，面带微笑，保持开放的姿态。

5. 多疑的身体语言信号

在面对面沟通中，如果对方的表现为：皱眉；假笑；张大嘴；手不停地动；身体靠后，两手时而交叉胸前。这些身体语言传达的信号可能是怀疑、不信任、不相信或疑惑不解。

对于这种身体语言信号，沟通者应作出如下反应：

（1）微笑、坦诚地面对。

（2）提供有力的证据，消除对方的疑惑。

（3）提供自己的亲身案例，减少隔阂和不信任。

（4）以开放的沟通姿态展示你的自信。

6. 消极的身体语言信号

在面对面沟通中，如果对方的表现为：身体晃动；瞳孔放大；不停地用手或笔敲敲打打；脸部紧绷。这些身体语言表达的信号可能是不感兴趣、不耐烦或拒绝。

对于这种身体语言信号，沟通者应作出如下反应：

（1）迅速找到对方的兴趣点。

（2）倾听对方的感受。

（3）调整沟通的话题。

【案例9-1】

小赵的手表

自从戴上这只世界名牌手表，小赵就觉得信心大增。尤其是今天，要跟“心仪”已久的王董事长碰面，他觉得脸上格外有光。

小赵一走进王董事长办公室，就举起手看表。

“您接下来有急事?”王董事长一面请小赵入座，一边也看看手表，问小赵。

“没事、没事。”小赵说，又举起表看了看，还故意抖了抖手腕，让那金表链抖出一串声音，接着打开箱子，拿出准备了很久的资料，双手长伸地递给王董事长，左手尤其伸得长些，露出那只新表。

王董事长一页一页地翻。小赵静静地看，想起手上的表，心又怦怦跳，觉得好神气：“像我这种贫苦出身，才创业三年的小子，有几个戴得起这种表中之王。”

小赵又故意理了理西装，伸了伸左手，让金表从袖口露出来，再托着自己的下巴，把手背向外转，使王董事长不时抬起的头能看到自己的新表。

突然，王董事长不翻了，把资料还给小赵，笑笑说：“好构想！好构想！但是需要时间慢慢商量，我看您也很忙，咱们改天再约吧！”

接着按对讲机，叫秘书进来送客了。

“我不忙、我不忙，您可以慢慢看。”小赵举着手里的资料急着说。

“我看您接下来一定有要事。”王董事长把资料挡了回去，“我也很忙，等大家都有空的时候再说吧！”

【案例分析】

在这个案例中，小赵见董事长一面不容易，本来是想借此机会好好表现一下，结果反复看手表的动作让董事长误认为他另有急事，被董事长匆忙送客。在这个沟通案例中，对身体语言产生了曲解，小赵看手表是为了显示自己的新手表，而董事长的理解却是小赵在提醒自己时间紧迫。

因此，小赵身体语言表达的时机和环境不当，造成误会。

二、身体部位语言

1. 手的动作

（1）以手抱胸。

因为我们身体重要的器官都在前面，如心和肺都在胸部。所以当我们遇到危险需自我保护时，一定会抱胸。自我保护表现的是不安全感，是敌意，是排斥，也是“我对你的看法不能苟同”。

所以当你与一群人说话时，那些“以手抱胸”的人总会给你一种压迫感。如果你当了领导，在与你的部属沟通时，面对以手抱胸的部属，你心里就会有些不痛快。就算你没有不痛快，如果你了解身体语言，一定会想：“他或她一定有自己的想法。”

（2）双手负背。

与抱胸相反，当你把双手交叉放在身后的时候，表现的则是自信。

因为你身体最重要的位置都“不设防”地摊在对方前面，如果没有十足的把握，岂敢这样做？所以当你做领导人训话时，把手交叉放在身后，常常最能表现你的分量。

如果你是晚辈，在听长辈训话的时候，为了表示恭敬，最好把两只手垂在身侧，或就座时放在腿上。绝对不能抱胸，更不能用手不断摸脖子后面。因为那表现了另一个重要的身体语言：你的脖子痛，实在疲惫或者不耐烦。

（3）翘起大拇指的手势。

在美国该手势起源似乎与飞行员有关，他们用大拇指表示起飞前的“一切就绪（all clear）”，后来这一动作表示任务将圆满完成。而在德国，翘起大拇指表示点一份啤酒，在日本则表示你会得到五份啤酒。在中国，当一个人向另一人翘起大拇指则表示夸奖。

（4）V 字形手势。

“二战”期间，丘吉尔以中指和食指做出了著名的代表胜利的 V 字形手势，随后盟军以它代表胜利。而在 20 世纪六七十年代，人权组织及和平工作者用它来表示和平。

（5）“OK”的圆圈标记（用拇指和食指圈成，其他手指向外指）。

在美国文化里，它代表完美或“正中靶心”；在日本，它是金钱的象征；对法国人而言，表示“零”；在某些阿拉伯国家，则是诅咒的符号；在德国、澳洲、俄罗斯和巴西却是猥亵手势。当年尼克松总统离开巴西时，做出这个手势后才意识到最后这一个含义。后来尼克松的这一照片在报纸上广为出现，使他困窘不已。

2. 眼睛的眼神

眼睛是心灵的窗口，它可以传神地表达出一个人的内心世界。社会学家和心理学家做过很多实验，认为在人体的各个器官中，眼睛能够表达更多“无声的”语言。人内心的隐私与冲突，总是自觉不自觉地在变幻的眼神中流露出来。所以，人们可以借助目光表达丰富的感情。

【案例9-2】

商店门口的眼睛

在胜佳达超市里，曾经有一段时间经常被偷，老板突发奇想，请一名画家在一张巨大而透明的画板上，画了一只抽象的皱着眉的眼睛，然后高挂在几家商店的门口。老板希望这只眼睛能够使商店的小偷减少。果然，在高挂这张抽象画的一段时间内，这几家店铺的被偷现象明显减少。虽然这只眼睛不是真的，但是被这只大眼睛一"瞪"，凡是心里有鬼的人，立刻会把视线避开，同时也不想走进店铺里去偷东西。

【案例分析】

在这个案例中，超市门口那双皱着眉的眼睛尽管是假的，但是它似乎在传递一个信息："我正看着你呢，请你自重。"

三、副语言

副语言是指发出的有声但无固定语义的辅助语言，例如音质、音调、音高、讲话的速度，以及诸如停顿、叹息、各类笑声（哈哈大笑、傻笑、苦笑、假笑、冷笑、无可奈何的笑）等。

【案例9－3】

营销大师的一句话演讲

全国著名的推销大师即将告别他的推销生涯，应行业协会和社会各界的邀请，他在该城中最大的体育馆做告别职业生涯的演说。那天，会场座无虚席，人们在热切、焦急地等待着那位当代最伟大的推销员做精彩的演讲。当大幕徐徐拉开，舞台的正中央吊着一个巨大的铁球。为了这个铁球，台上搭起了高大的铁架。一位老者在人们热烈的掌声中，走了出来，站在铁架的一边。他穿着一件红色的运动服，脚下是一双白色胶鞋。人们惊奇地望着他，不知道他要做出什么举动。这时两位工作人员抬着一个大铁锤，放在老者的面前。主持人对观众讲：请两位身体强壮的人到台上来。好多年轻人站起来，转眼间已有两名动作快的跑到台上。老人这时开口和他们讲规则，请他们用这个大铁锤去敲打那个吊着的铁球，直到把它荡起来。一个年轻人抢着拿起铁锤，拉开架势，抡起大锤，全力向那吊着的铁球砸去，发出震耳的响声，铁球却纹丝不动。他用大铁锤接二连三地砸向吊球，很快就气喘吁吁了，可铁球依然纹丝不动。另一个人毫不示弱，接过大铁锤把吊球砸得咣当响，可是铁球仍旧一动不动。台下逐渐没了呐喊声，观众好像认定那是没用的，就等着老人作出什么解释。

会场恢复了平静，老人从上衣口袋里掏出一个小锤，然后认真地面对着那个巨大的铁球。他用小锤对着铁球"咚"敲了一下，然后停顿一下，再一次用小锤"咚"敲了一下。人们奇怪地看着，老人就那样"咚"敲一下，然后停顿一下，这样持续地做。十分钟过去了，二十分钟过去了，会场开始骚动，有的人干脆叫骂起来，人们用各种声音和动作发泄着他们的不满。老人仍然一小锤一停地工作着，好像根本没有听见人们在叫喊什么。人们开始忿然离去，会场上出现了大片大片的空座。留下来的人们好像喊累了，会场安静了许多。

大概在老人进行到40分钟的时候，坐在前面的一个妇女突然尖叫一声："球动了！"霎时会场鸦雀无声，人们聚精会神地看着那个铁球。那球以很小的摆动幅度动了起来，不仔细看很难察觉。老人仍旧一小锤一小锤地敲着，人们好像都听到了那小锤敲打吊球的声响。吊球在老人一锤一锤的敲打中越荡越高，它拉动着那个铁架子"哐、哐"作响，巨大的威力强烈地震撼着在场的每一个人。终于场上爆发出一阵阵热烈的掌声，在掌声中，老人转过身来，慢慢地把那把小锤揣进兜里。

老人开口讲话了，他只说了一句话："在成功的道路上，你没有耐心去等待成功的到来，那么，你只好用一生的耐心去面对失败。"

【案例分析】

这是非常成功的一次演讲，尽管老人只讲了一句话，但是他的思想或者说他成功的秘密都被他用无声的语言"表达"得淋漓尽致。大铁球晃动起来所赢得的雷鸣般掌声说明听众已经悟出了其中的道理。此时再多的语言也不如铁球的晃动更能说明问题，因此只需要一句话强化或重复前面的这些动作所代表的含义。这个故事体现了非语言的力量和魅力。

【行动学习】

下面有几道试题，测试一下你对身体语言的理解力。

1. 你与你的老板谈到加薪的事，当你解释加薪的理由时，你的老板歪着头两眼注视着你，两手托腮。他在告诉你（　　）

A. 他赞成加薪。

B. 他不会给你加薪。

C. 他在左右为难，难下决定。

2. 你在公司向管理层作简单汇报，其中一位委员心不在焉地听着，她的脚不断地打着拍子，眼睛看着她的手表。她正在告诉你（　　）

A. 她不相信你说的话。

B. 她对你说的内容兴奋不已。

C. 她不耐烦了。

3. 你被安排与一家公司董事长会面，你希望能在该公司工作。当你进入他的办公室时，他抓住你的手，用双手与你握手，并请你坐下，还拍拍你的肩膀。这位董事长在告诉你（　　）

A. 他嘉许你的机敏。

B. 他想雇佣你。

C. 他想让你轻松一些，从而能更多地了解你的信息。

【行动学习提示】

第一例中的老板可能对你所表达的有些疑惑，但是他想仔细地听你的解释。

第二例中的委员或许有另一个约会，从而导致她表现出那些身体动作。

最后一例中，公司董事长可能是一个非常谦和的人，他这样做只是想让你放松些。

第二部分

组织沟通之术

第十章　与上司沟通的艺术

一、上行沟通中的障碍

1. 沟通信息过滤

由于长时间和上司打交道，慢慢地掌握了上司的性格，一些精明的下属善于察言观色，暗暗地揣摩上司的喜好和意图来和上司进行沟通。如果某一信息对自己不利时，在与上司沟通中就会故意过滤掉。过滤掉的信息可能是组织真正需要的信息。这种情况在组织中比较常见，因为大多数上司都有批评或指责下属的“癖好”。心理学研究表明：对管理者本身来讲，批评或指责下属有种成就感。因此，站在工作汇报者的角度，为了免遭上司的指责或批评，或者对某件不好的事情负责，过滤信息就成为必然的了。

2. 你不找我，我不找你

很多下属怕跟上司沟通，一般情况下，如果上司不找他，他不会主动找上司沟通，结果造成非常被动的局面。下属想到了新思路、好方法，由于没有及时向上司汇报或反映，最终浪费了时间成本或者导致较差的结果。

3. 上下级关注的问题不同

由于上下级的知识背景、生活阅历等因素存在差异，因此，看问题的角度或高度可能不一样，导致在和上司沟通的过程中双方关注问题的焦点不一样，产生很大的分歧。上司认为非常重要的问题，下属认为不重要；而下属非常关注的问题，在上司看来不是问题，从而产生分歧，最终导致相互不认可。

4. 缺乏信任

信任是上下级良好沟通的基础，在组织中，上下级的信任关系会受到许多因素的挑战，例如利益、派系、权力等。这些因素往往导致上下级信任缺失：上司不敢或不愿授权，下属不愿汇报真实信息或消极抵抗。

二、上行沟通前的准备

1. 准备好沟通的资料

在与上司沟通之前，下属应该准备好所有与上司沟通的材料，包括沟通项目的背景资料、数据支持和依据、初步的行动计划，以及能够从逻辑上证明结论所必需的材料与做这个项目或事情的方法。很多下属去和上司沟通的时候，两手空空，被动地听上司的说教，这样一方面不能取得上司足够的支持和信任，另一方面会使自己处于非常被动的局面。

2. 准备好提问

在与上司沟通之前，下属应该充分仔细思考整个项目的前因后果，提出你对该项目的看法与不理解的地方，希望能够在和上司沟通的过程中一起探讨，从而解决你心中的疑问，包括在执行项目的过程中将会遇到的风险。所谓预则立，不预则废，一般来说，务实的上司喜欢下属在和他沟通的过程中，思考得比他还多，共同充分探讨该项目已知的和未知的问题和风险，这样才能够在未来执行的过程中对风险进行预防和控制，聪明的上司都喜欢下属这样去思考问题。

3. 准备好自己解决问题的方法和计划

在与上司沟通之前，下属应该在全盘思考整个项目之后，能够提出自己解决问题的方案和行动计划，哪怕你思考的方法不完全正确或者行动计划不全面。最重要的是，上司欣赏作为下属的你，能够有自己的思考和行动方案，至于正确与否，可以通过与上司的沟通和讨论来解决。上司最不喜欢的是，当上司问到你的解决方案时，你的大脑一片空白，这样会给上司留下不善于思考和不具备解决问题的能力的印象，慢慢地你会在上司的心目中失去分量，再好的项目也可能轮不到你去负责了。

三、上行沟通的艺术

1. 注意与上司沟通的场合

在于上司沟通的过程中，一定要注意场合。有些人觉得自己性格比较直率，与上司沟通历来都是直来直去，还以为自己这种比较真实的表现会得到上司的认可，可事情往往适得其反，以至于把自己推到了非常尴尬的境地。

【案例 10－1】

明天你可以办理离职手续

每周五下午，公司刘总要召开经理层管理会议，总结上周工作，各部门经理共同协调上周出现的问题，并且落实下周的工作计划。上周生

产部的设备稼动率偏低，当刘总要求生产部王经理解释原因的时候，王经理开始喋喋不休地抱怨起来。

"我们两个星期前就已经要求人力资源部帮忙招聘100名工人，但是到今天还没有到位，这个对我们影响非常大。"

人力资源部张经理连忙回答："我们在上上周五就已经按照要求到位了80人，你不能把这个责任推卸给人力资源部。"

"那采购部采购的物料也是一拖再拖，我们生产线的物料员到仓库去领料，总是不能够满足我们的生产，巧妇难为无米之炊啊。"王经理显得非常委屈。

"我认为我们公司的管理层应该提高工作效率，不能人浮于事，我们工作中出现的问题太多了。"王经理开始教训人了。

刘总开始有点按捺不住："王经理，你的分析有道理，效率低是事实，但我们要找到真正的原因才能够进行有针对性的改善。"

"但是现在整个管理团队得不到配合，刘总，生产部的工作得不到各部门的支持，你叫我怎么干？"王经理还在这里喋喋不休。

"王经理，我们今天主要是解决问题，不是抱怨。各部门怎么没有配合你？说出的话要负责任。"刘总显然对王经理这种莫须有的抱怨生气了。

"反正我也反映了，配不配合不关我的事情。"王经理还在这里自言自语，显出一副非常不服气的样子。

王经理的态度彻底惹怒了刘总，他显然不允许王经理这样挑战他的权威："有什么话你就大声地说出来。如果你不想干，马上可以到人力资源部办理离职手续！"

【案例分析】

王经理显然没有注意场合。刘总多次提醒他，反映问题要有依据，不要信口开河，并且告诫他说话要负责任，但是王经理没有听进去，话语中表现出对刘总的话不服。在领导看来，你这是在众人面前挑战我的权威，我就是要杀杀你的威风，所以说出了后面那句话。很多下属拿捏不好这种分寸，认为能够跟领导说实话就是好下属，这种认识是不对的。如果你跟上司单独沟通，在得到上司许可或者授意的情况下，你可以指出上司的某些缺点或者一些待改进的地方，这样上司是可以接受的。但是在公共场合，千万不要用这种方式来显示你的真诚、直率、责任心，否则就大错特错，因为这样会使你的上司感到难堪，效果适得其反。

2. 领会上司的意图，注意弦外之音

在与上司沟通中，对于上司的意图一定要弄清楚，否则在执行时，会走弯路，甚至方向都弄反了。中国管理者比较含蓄，说话时往往有弦外之音，作为下属，对于上司没有明确表达的意图，就需要反复试探了。

【案例 10-2】

你需要申请一个台灯

人力资源部薪酬主管小刘最近烦心事特多。刚刚和谈了 5 年的男友

闹别扭分手，接着家里又传来奶奶生病的消息，小刘天天心神不定、坐立不安，工作开始马虎起来。本月的工资表于前天交给了财务，结果财务部的同事发邮件和她沟通了几次，因为本月的薪酬表上有几处错误，并且邮件被抄送给了人力资源部的张经理。

张经理说话一直都比较含蓄。一天早上去倒咖啡，在茶水间碰到了小刘，顺便和她聊了几句。

“你的人力资源管理师成绩出来没有?”

“还没呢，可能要到下个礼拜才出来。”

接着还聊了一些健身与个人爱好方面的事情。接着，张经理跟小刘说：“你那个位置最近是不是光线不好啊，你可以申请买一个台灯……”

小刘听后脸红了，她跟张经理一起同事3年，非常了解他。张经理明明是想说她这段时间工作好像不是很努力，怎么连工资这么重要的事情都会出错呢？财务部的同事都发了几次邮件投诉了，以后需要好好地努力工作。

“谢谢经理的提醒，我那里光线很好，不需要申请台灯，我会努力工作的。”两人愉快地一起走出了茶水间，返回了各自的工作岗位。

【案例分析】

如果案例中小刘没有听明白张经理的话，以为张经理真的希望他去买一个台灯，估计年终小刘的工作总结里面会有这样的评语：“工作不认真，经提醒后依然没有改进。”所以，要特别注意领导话语的弦外之音，即注意话中有话。

3. 弄清楚上司的需要

与上司沟通时，一定要弄清楚上司最需要什么，尤其是针对某一个主题进行沟通时，更要了解沟通的目标是什么。如果上司是一个注重效率的人，他一定会在有限的时间内通过沟通解决某一具体问题。作为下属，如果没有弄清楚上司的沟通目标，沟通时就可能偏离主题，导致废话连篇，浪费时间。

【案例 10－3】

人力资源部的一次会议

A公司董事长已经明确指示人力资源部王经理，今年上半年人力资源部的主要任务是在全公司推行绩效管理。王经理感觉到肩上的担子很重，于是在本周例会上重点提出了实施该项目的计划。“根据公司董事会的决议，我们在今年的前三个月要把所有岗位的KPI设置出来，四月份开始试运行和调试整个系统，六月份开始正式使用绩效管理系统，今天我们开个会，提提看法，争取一起制订出我们的具体工作计划。”王经理提出了人力资源部最近的工作目标，希望大家谈谈具体工作思路与计划。

招聘专员小李踊跃发言：“我们这次的绩效管理工作推行得太急。公司上下动员会都没有开，各部门经理是否都有决心建立起这套系统是个问号。”

培训专员小刘表示：“我赞同小李的观点。我们上半年应该把主要的精力用于改变全体员工的观念。从高层到普通员工，要一层一层地进行培训，反复灌输绩效管理的知识和理念，让他们彻底改变以前的认识，这样做绩效管理系统才能够起到好的作用。所以，我建议我们下半年开始启动这个计划。”

王经理皱起了额头，似乎有点不耐烦了。

这时候，绩效专员小蔡发话了：“你们两位谈的观点都有道理，在推行绩效管理过程中确实需要反复地宣传和进行培训，让他们理解和接受绩效管理的理念。我们在以后会考虑到这个方面的因素。但是，经理已经明确告诉我们，董事会已经决定让我们人力资源部在今年上半年要建立并开始使用绩效管理系统，这个是我们的目标。今天会议的目的应根据这个目标制订出我们具体的行动方案。刚才王经理已经说了，前三个月主要是做 KPI 指标系统，四五月调试，六月份开始运行，接下来，我们各位成员应讨论怎样细化和分配这些工作……”

王经理听完小蔡的发言后会心地笑了：“到底是受过专业的培训哟，上次的《目标管理》的课程培训没有白费。小蔡，从今天起你就作为该项目的负责人，协助我制订出部门的工作计划，今天的会议由你来主持……”

【案例分析】

小蔡非常懂得上司的意图，也知道上司想得到的结果。从上司说出会议的目的以后，他就在思考该怎样围绕这个目的把会开下去，最终他的发言博得了上司的赞扬。有些下属由于没有这种意识，在开会的时候东一句西一句，完全没有围绕主题，或者表达的言语中没有互为因果的逻辑关系，听起来非常凌乱，就像在拍脑袋，想到了就说一句，没有想到就算了，这种沟通的方法是不能解决问题的。还有些下属，在跟上司沟通的时候，脱离主题，尽唱反调，就像上述案例中的小李和小刘一样，结果使得整个会议效率低下，而且使得其他人烦躁不安。

【沟通情景欣赏】

《杜拉拉升职记》是一部极近写实的职场小说。下面节选其中的一些沟通情景片段，来分享作为一名企业中层经理人的拉拉是如何成功进行上行沟通的。

玫瑰是拉拉的上司，以前负责过上海区域。拉拉为了博得领导的开心，安排下属海伦找到上海区域办公行政报告的格式，经研究确认大致适合广州区域使用后，拉拉就用上海区域的行政报告格式取代了广州区域原先的报告格式。这一举措果然讨得玫瑰的欢心，由于拉拉使用了她惯用的格式，使得她在查阅数据的时候方便了很多，也让她获得被追随的满足感。对拉拉来说，玫瑰自然不会挑剔一套她本人推崇的格式，因此，拉拉规避了因报告格式不合玫瑰习惯而挨骂的风险。

海伦对拉拉的做法有些不理解，于是拉拉把海伦叫到自己座位边，问她："如果你是玫瑰，你是愿意几个办事处每个月的报告各有各的格式，还是更希望大家用统一的格式?"

海伦不假思索地说："那当然是统一的格式方便啦。"

拉拉说："既然得统一，你是愿意用你自己熟悉的格式，还是愿意用你不熟悉的格式呢?"

海伦说："肯定选自己用熟的格式啦。"

拉拉继续说到："那不结了，玫瑰也会喜欢用自己熟悉的格式嘛。"

海伦无话可说了，憋了半天又不服气道："我们原来的格式没有什么不好。现在这一换，要多花好多时间去熟悉表格。"

拉拉憋住笑，摆出循循善诱、诲人不倦的架势说："那你就多努力，早日获得提升，当你更重要的时候，你的下级就会以你为主，和你保持一致啊。谁叫现在的经理是玫瑰而不是你呢?"

从以上的片段我们了解到，主人公杜拉拉为了进行有效的上行沟通，的确费了很多心思。其中最重要的一点就是，要懂得采取"同理心"的沟通方式，从领导的需要出发，进行换位思考。拉拉很清楚在向上级领导汇报时，应该采用让上级领导更熟悉、更方便的方式。

4. 带着问题解决方案与上司沟通

向上司反映问题固然重要，但更重要的是，作为下属，在反映问题之前是否考虑过如何解决这些问题。如果下属只是一个问题“专家”，那么这个下属对于上司或者组织的价值是非常有限的。

【案例 10－4】

秘书张行的考察汇报

由于原材料等各种因素的影响，并且深圳市内的最低工资水平一直高居全国之首，听说今年上涨的幅度还挺大，这样下去，企业的成本压力越来越大。如果不调整战略方向，A 公司可能面临破产的危险。董事长秘书张行感觉到了董事长的压力，天天加班到深夜 12 点，主动向行业协会请教，掌握市场信息，重新考虑企业的发展战略。张行跟随董事长已经多年，他想为董事长分担一些压力。前天闲聊时，董事长无意中透露了一个思路，是否可以把工厂迁至长沙市，那里的劳动力成本低，另外公司产品是内销的，根据长沙的地理位置，说不定还可以降低物流成本呢。董事长当时还顺便跟张行说了一句话：“如果你有时间，可以帮我查查相关信息。”

其后张行通过各方面了解信息。上网查阅资料，和长沙政府部门的同学打听，是否具备优惠的政策等，并且和咨询界的朋友一起讨论方案，并验证该方案的可行性。最终，张行做出了数据分析表。

一天上午，张行发现董事长除了一个会议之外，没有其他的安排。于是，他安排好秘书处的工作以后，走到董事长的办公室门口，敲响了董事长的门。

“请进!”

“董事长，那天您要我调查一下关于迁厂至长沙的事情，不知道您什么时候有时间，我想跟您汇报一下。”

“就现在吧，我正准备找你呢。”董事长轻松地靠在了大班椅上。

“根据我的调查，如果我们迁至长沙，我们的成本将会降低20%。”张行斩钉截铁地说。

“可以降低这么多成本？你说说看。”这句话引起了董事长的兴趣。

“是的，我们主要是从物流、长沙当地的原材料配套、人力资源、当地政府的优惠政策等几个方面来综合分析，我们可以比现有的成本降低20%。这是我做的数据分析，请您过目。”张行将自己做的数据分析表双手递给了董事长。

董事长看着手上的数据，皱起的眉头慢慢地舒展开来：“那你认为怎样去操作这个项目?”

“如果我来操作这个项目，我会到长沙进行实地考察，看我们是采取租厂房的方式，还是自己买地建厂房的方式，然后对于当地的政策、原材料的供应、当地的人力资源状况等，用一个月的时间来进行实地调查，之后提交最终报告给您。”张行非常自信地说。

董事长看到张行自信的样子，果断地说：“行，你安排好秘书处的工作，明天就去长沙考察！”

【案例分析】

在本案例中，张行在跟上司沟通的过程中做到了以下几点：第一，做了充分的准备，掌握了必要的数据支持；第二，有自己的想法和初步方案；第三，表现得很自信，给董事长非常强烈的感觉就是我有能力干好这件事情。张行的上行沟通非常成功，最终打动了董事长并授予他这个任务。

5. 及时向上司汇报

在工作中，关于向上司汇报的方式有多种：事前报告、过程中请示、事后汇报等。不管哪种汇报方式，均需要把握一个原则——及时汇报。在这里“及时”是以提高工作效率和质量为原则，若下属的回报使工作效率和质量提高了，汇报就应该是及时的。

在日资企业中，非常强调“汇报、联系、商量”的沟通方式。“汇报”是将工作的结果和过程告知相关的人员；“联系”是将事实和信息告知相关的人员；“商量”是在遇到问题或可能出现问题时，听取上司和同事的意见和建议。

也许大家觉得这一点非常简单，不难做到，可是要在日常工作中恰到好处地准确把握它的内容和方法，则必须经过一定程度的训练，而且必须理解为什么日本上司这样要求。“汇报、联系、商量”有三层含义：“完成指定工作后，立即汇报”；“尽早汇报不好的消息”；“工作中出现问题，立即报告”。上司根据这些频繁的报告来掌握下属工作情况，对工作过程的管理有助于防患于未然，也有助于在问题处于萌芽状态时就解决。日资企业坚信“只有好的过程才会带来好的结果”，并且非常重视“靠集体力量工作”的价值观和文化。这是其长期坚持“汇报、联系、商量”的原因之一。

在有些组织内部，员工持有这样的想法：“工作进展得很顺利，不用特意向上司汇报”或者“出现问题时，首先自己解决，如果立刻向上司提出，会显得自己无能”。有时候，汇报多了还被同事认为是打小报告，甚至有拍马屁之嫌，同时自己也觉得太麻烦，如果上司经常要求汇报，会怀疑上司不信任自己。其实，上司对下属工作过程的管理是对下属的关心，同时也是上司负责任的表现。因为在一个组织中，下属的失误上司是要负一定责任的。

6. 沟通中要礼让上司

礼让上司是对上司的一种尊重和认可，是向上沟通的艺术，也是一种素质。每个人都需要得到别人的尊重，尤其是领导在下属面前，这种受尊重的需求就更加强烈。礼让上司包括尊敬上司的人格、赞美上司的成就、不抢上司的风头、不占上司的功劳等。先看看下面这个会议及其中的发言：

在公司的季度研发总结会议上，分管研发的副总、研发总监及全体研发骨干参加了会议。

研发骨干小王总结工作：“尽管我们研发部条件很差，且缺乏必要的指导与帮助，但我整整摸索了三个月的时间，加班加点，总算把公司交给我的科研攻关任务完成了……”

研发部孙总监评价：“这个科研攻关项目本身难度不是很大，小王是我们研发部的骨干，完成这个攻关项目在我们预料之中，这是我们研发部共同努力的结果，我想，如果我们的硬件条件好一些，我们会做得更好！”

研发骨干小詹总结工作：“研发部交给我们团队的科研攻关任务，在我们孙总监的亲自指导下，我们团队在两周前终于完成了任务，由于公司的科研条件有限，尽管任务完成了，但还有许多有待改善的地方……”

孙总监评价：“我们詹工领导的科研小组效率很高，工作非常务实，所以成果很显著。科研条件不是最主要因素，人才是最主要的。当然我们会为科研创造更好的条件，希望詹工继续努力，力争完成更大、更有价值的科研项目！”

在上述这个研发工作的总结会议上，小王和小詹同是研发部的骨干人员，都完成了季度研发攻关项目，可是两人的总结风格不同，导致研发总监对两人的评价也不同。小王过于强调自己的功劳，抱怨科研条件差，没有支持与帮助，显然把研发部领导的作用和功劳给抹杀掉了。因此，孙总监评价时，认为项目难度系数低，完成项目是意料之中的，而且是团队共同努力的结果。而小詹则强调了是在孙总监的亲自领导下完成的，而且比较谦虚，项目虽然完成了，但还有许多有待完善的地方，当然也把不足之处归结为科研条件。因此，孙总监评价时，认为项目研发效率高，成果显著，并指出人是最重要的，言下之意：我领导得好、研发人员得力是最重要的。

看看这个沟通的背景，孙总监对小王和小詹的不同评价就比较容易理解了。分管研发的副总，也就是孙总监的直接上司在现场，小王的总结抹杀了孙总监的功劳，孙总监自然觉得难堪了，所以他要挽回面子。而小詹则给足了孙总监面子，孙总监自然也不会忘记赞美小詹。

【行动学习】

小赵是公司的招聘经理，董事长让小赵招聘一名董事长秘书，而且私下给小赵交代：严格按招聘程序面向社会公开招聘，不考虑任何关系。招聘通知一发出，求职简历像雪花般飞来，一个多星期就收了30多份。小赵正在这30多份简历中精挑细选以确定参加笔试的名单时，分管人事和行政的苏副总打电话给小赵，让她来他办公室一趟。苏总交给小赵一份简历，说是他朋友的小孩，要帮忙找个工作，请小赵灵活处理。

如果你是小赵，你将如何处理？

【行动学习提示】

在这个行动中，要考虑以下因素：

1. 董事长强调了要严格按程序，不徇私情。

2. 苏总是小赵的直接上司。

3. 苏总可能不知道董事长给过小赵特别交代，即不考虑任何关系。

4. 苏总推荐的这个人不知道究竟合不合适，如果不合适，如何灵活处理？

第十一章　与同事沟通的艺术

一、平行沟通中的障碍

1. 过于在乎自身的价值易忽视对方的价值

在任何一个组织中，如果我们与同事沟通时过于在乎自身的价值，易忽视对方的价值，往往导致沟通难以进行。例如有些主管，总是认为自己的部门或者岗位比对方的岗位有价值，一味强调自身的重要性而忽视他人的重要性，导致沟通形成壁垒。这种情况在日常工作中普遍存在。由于是同级关系，不受上下级关系中权利、责任、义务等方面的约束，沟通起来难度会大一些，因此，对于沟通者来说，沟通技巧与平时的人际关系积累就显得尤为重要。

2. 不愿承担责任，尽量将责任推给别人

由于部门与部门之间，或者岗位与岗位之间相对独立，部门或岗位之间责任不清，因此，在出现问题的时候，沟通过程中容易相互推诿，公说公有理，婆说婆有理，双方都推卸责任给对方。

3. 唯恐别人比自己强

很多人由于自己心胸不开阔或者动机不纯，生怕别人在上司面前表现比自己好，前途比自己大，因此，在工作过程采取工作不配合、沟通不主动、信息不共享的态度，就像蚕茧一样，把自己裹得严严实实，生怕自身受到一点点伤害。这种人通常会告诉自己的下属，让他们在思想、行动上和自己高度统一，遇到任何其他部门的问题，哪怕是正常的工作交往，都必须得到他的同意才能进行。这种工作方式会严重影响公司的团队合作意识，事情只要到了他的手上就会被卡住，严重影响工作效率。

4. 为我服务是应该的

很多人认为自己或自己部门比其他人或部门重要一些，因此认为其他人或部门为自己服务是应该的。销售经理经常会说：“公司的收入、利润都是我们挣回来的，其他部门为我们做什么都是应该的。”

5. 不尊重他人意见

既然找对方沟通，一定是自己觉得对方在解决问题上举足轻重，那就必须虚心听取对方的意见，了解对方对沟通工作不配合的原因或存在的困难。如果对方有了更好的完成任务的创意，你就更需要与对方商议。内部工作沟通不必转弯抹角，但尊重他人是必须的。听取对方意见时，不宜随意打断对方，以免分散对方注意，影响对方表达。同时要注意，如果你在工作上是佼佼者，在同事面前不可盛气凌人。

二、平行沟通的准备

1. 与同事沟通的相关资料

与同级沟通之前和上下级沟通一样，首先根据对方的情况预约好时间并告知沟通的主题，这样方便对方有时间准备沟通资料以及考虑沟通方法。而作为主动要求沟通的你，则更需要准备好沟通的资料、数据等。

2. 准备好沟通方案

首先，在沟通之前应该准备好沟通的方案和设想，然后有的放矢地和同事沟通。另外，在沟通的过程中，对方不一定赞成预定方案，所以，你应该明白自己的底线和原则，并且在你的计划里有一些预案。这些预案是在双方退让之后相互能够接受的，这样才能够保证沟通的有效性。

三、平行沟通的艺术

1. 以礼待人

孔子说："礼者，理也。""理"即做人的道理，因此，讲"礼"即讲做人的道理。

人无礼则不生，事无礼则不成，国无礼则不宁。

《礼记·哀公问》说："民之所由生，礼为大，非礼无以节事天地之神也，非礼无以辨君臣、上下、长幼之位也，非礼无以别男女、父子、兄弟之亲、婚姻、疏数之交也。"这就是礼的根本作用。

任何人都希望得到别人的尊敬。如果遭到他人言辞上的无礼挑衅或诋毁攻击，通常会不同程度地运用语言来自卫和还击。依我们的生活经验，在日常交往中所造成的不和，大多与出言不逊有关。因此，在与人交往时，言语有礼是很重要的。古人云："诚于中而形于外。"要做到言辞上以礼待人，其核心就是对他人真诚与尊重。

在一个组织中，同事之间如何做到以礼待人呢？

第一，不说脏话、不语恶言。同事之间天天见面，彼此都很熟悉，在言语的礼貌上不是很注意，脏话、恶言最容易产生。但是脏话、恶言又恰恰是许多矛盾的导火索。君不闻："利刀割体痕易合，恶语伤人恨难消。"

第二，不道人短、不耀已长。《弟子规》言："人有短，切莫揭，人有私，切莫说。"人非圣贤，孰能无过，在组织中，不要抓住同事的一点过错、短处不放。在与同事言谈时，夸耀自己的长处、优势和功劳不仅无益于形成良好的交谈气氛，还可能招致同事的反感。

第三，善控情绪、免遭口祸。在组织中，无论对什么样的同事，也无论在何种场合，带有严重情绪的话，尤其是气话，都会让对方难以接受，甚至会引发各种矛盾。《弟子规》言："言语忍，忿自泯。"因此我们应控制不满情绪，必要时不妨采取倒杯水、到办公室外走一走等方法舒缓情绪，让自己平静下来，免遭口舌之祸。即使对方生气时，我们也应该从和睦相处的大局出发，在语言上予以忍让和劝慰。

第四，不争强好胜、谦和为怀。在沟通中争强好胜往往会把交谈变成争辩，争辩发展为抬杠、强词夺理，甚至是人身攻击。争强好胜在年轻人中表现得尤为突出。有谚语云："天不言自高，地不言自厚。"平时注重涵养谦和之心，言语之时自会谦光流露。

第五，主动检讨、真诚相待。如果发现自己有过错，能主动地、实事求是地检讨自己，求得对方的谅解，是尊重对方人格的切实表现，同时也易获得对方的谅解和同情，继而作出友好合作的表示。言谈时，要说实话，道真情，才能得到对方的理解和帮助。孔子云："己所不欲，勿施于人。"谁也不喜欢受假言谎语或花言巧语蒙骗，因此，一定要以心换心，说真话、讲实话。人心都是相通的，以诚相待才是上上之道。

【案例 11－1】

张经理的道歉

小肖是公司销售部的骨干，他介绍一个亲戚在生产部物料科上班。一天，小肖的亲戚向他投诉："来上班几个月了，一直都上夜班，王科长好像有点故意刁难我，不给我安排白班。"小肖听后感觉不妥，想找个合适的机会和王科长沟通一下此事。

这天下午下班后，小肖在厂门口碰到了王科长。

“您好，王科长。”小肖迎上去打招呼。

“你好。”王科长好像有点心不在焉地回答。

“我问您一个事情，我表弟在您那里上班，怎么一直都在上夜班啊，能否帮忙调整一下?”

“这种事情不要找我。”王科长显得有点不耐烦。他刚刚从经理室出来，可能挨了批评，心里的火还没有消呢。

“不找你找谁啊，你是他科长，你应该对你员工负责!”小肖也来火气了。

“去，去，爱找谁找谁去。”王科长一肚子气正好没地方发。

“你不要以为你是个科长就自认为了不起。你这种素质不够资格当科长!”于是，两个人你一推我一拉的，在厂门口拉拉扯扯起来，最后保安过来才制止这场风波。

第二天，王科长向人力资源部张经理投诉，说小肖辱骂和殴打他，要求公司按规章制度炒掉小肖。人力资源部张经理经过调查当时的目击证人，发现这件事情不完全是小肖的错。因此，张经理约请王科长的直接上司——生产部的沈经理、小肖的直接上司——销售部的熊经理，以及两个当事人下午两点到人力资源部会议室碰面，他想调解此事，毕竟两位都是公司的骨干人才。

下午大家准时来到会议室，人力资源部张经理说明了缘由，并请两个当事人先陈述一下昨天的经过。没等小肖陈述，小肖的上司熊经理发话了：“首先，我代表小肖和我自己向生产部沈经理和王科长两位道个歉，我没有管理好自己的员工，小肖不应该那么冲动，应该学会尊重领导，给你们添了麻烦，不好意思。”

熊经理的话一说完，会议室沉静下来。大家都没有想到，熊经理会为自己的员工向当事人道歉。

还是王科长打破了沉默：“我也有不对的地方，不应该以那种态度跟小肖进行沟通。”

“既然熊经理已经说了此事，大家态度这么好，我认为这件事情就此打住，双方算是个误会。王科长再也不要让人力资源部追究小肖的责任，大家以后要宽容一点。”王科长的上司沈经理最后补充道。

双方当事人立即表示同意，握手言和，一场风波就这样平息了。

【案例分析】

如果这件事情任由两个当事人争来争去地陈述当时的经过，一是浪费大家的时间，二是不利于问题的解决。熊经理在事情调查还没有开始之前就代表小肖向当事人及其经理道歉，一下子就给该事情的处理定下了基调。对方经理觉得熊经理太有礼貌，能够放下架子向我的员工道歉，想发的火到了嘴边又被咽下去了。熊经理把“以礼待人”的沟通技巧发挥得淋漓尽致，最终使事情圆满解决。

2. 以理服人

孔子说过：“言不顺，则事不成。”组织中同级之间的沟通没有权力、义务和责任的约束时，往往需要讲道理，做到以理服人。

【案例 11－2】

不要为自己的错误所累

有一天，员工告诉车间主任：“工程部肖工程师所做的治具硬度不够，希望主任能去调查一下。”车间主任想：如果用料没有错，应该不会发生这种问题。在做过材料试验后，主任发现用料果然有问题。经了解不是管理员的责任，估计是肖工程师那儿出了错。因此，主任找到肖工程师一问，果然问题就出在肖工程师身上。

肖工程师连忙道歉，并一再解释说：“因为上面要得急，所以没考虑那么多，随便抓了一种材料加工。”车间主任听后，并没有正面责备肖工程师，只是向他讲述了自己以前的教训：“10 年前，我也是一名工程师。有一次旋削某机器的操作杆时，由于不小心，将操作杆多削下半厘米，发现后把多削下的焊接上去了，如此做出来的外观很不错，简直可以用天衣无缝来形容，我当时还为自己的聪明沾沾自喜。但是几天后的一个中午，班长怒气冲冲地跑来。我一看班长手中的操作杆就知道事情不妙，赶紧道歉，并发誓以后绝不再犯。班长先问我还有没有有问题的操作杆，我说只有这一个有毛病。班长说有时候一点点小差错便会酿成不可收拾的惨局。最重要的是公司会因此而名誉扫地，那将是无法弥补的损失。从那以后，我再也不敢掉以轻心了，宁可加班加点，或者找人帮忙，也不敷衍了事。如果发现了小问题，还会主动报告上去。久而久之，不但得到了上司的信任，自己的工作能力也得到了提高。”肖工程师此时已经意识到主任的良苦用心。看到肖工程师后悔莫及的样子，车间主任又说：“知错就改就是好同志，如果你为自己的错误所累，不得解脱时，你就是在犯一个更严重的错误。”说完两个人都笑了。

【案例分析】

车间主任并没有就肖工程师的失误大发雷霆，而是通过自己的失败教训让犯错的肖工程师加深对自己错误的认识。这是一种以理服人的沟通技巧，而且通过这次沟通，犯错的肖工程师对错误有了非常深刻的认识，甚至可能对其职业生涯产生非常深刻的影响，说不定还造就了一位伟大的工程师呢。

3. 注意“妥协”的运用

中国有一俗话：“退一步海阔天空。”妥协是双方都各退一步，找到符合各自利益的解决问题的方法。但是妥协并不代表不坚持自己的底线和原则。在很多情况下，双方在各自的立场上一点都不让步，因此吵得不可开交，无益于问题的解决，甚至导致两败俱伤。

【案例11-3】

化解误会

小陈是公司销售部的一名员工，人比较随和，不好争执，和同事的关系处得比较好，但是前一段时间不知道为什么，同一部门的张力老是和他过不去，有时候故意在别人面前指桑骂槐，跟他合作的工作任务也有意推给他做，更有甚者，张力抢了他的好几个老客户。

起初，小陈觉得都是同事，没什么大不了的，忍一忍就算了，但是，看到张力如此嚣张，于是一赌气告到了经理那儿。经理把张力批评了一通，但结果是，从此小陈和张力成了冤家。

这对冤家斗气的结果是公司受到了损失，办公室工作的气氛也不好。一天，经理实在看不下去了，就把他们两个叫到了办公室，想调解他们的关系。

小陈似乎很委屈："经理，跟他没有什么好谈的。我与他一无怨二无仇，他干嘛老是在办公室里面指桑骂槐的？我的几个客户好端端的，他凭什么要从我这里抢走？"

张力毫不示弱，立即反驳："我以前跟你是这样的吗？你看看你这几个客户是怎么来的？都是我首先联系的，然而在我请假那段时间，他们再打电话过来咨询的时候，你就接过来了。我回来以后，你连感谢的话都没有一句，还觉得理所当然，真是莫名其妙！"

听到这里，经理才知道问题的症结到底在哪里，原来他们之间存在误会。

经理不能让他们再吵下去，否则就会影响到办公室其他人的办公。"你们之间存在的误会主要是因为客户问题。小陈的那几个客户确实有几个是张力在请假前就已经联系过，因为他跟我汇报过。"

听到这里，小陈的气消了一大半："原来是这样，你干嘛不早说明，我真的不知道这回事。"

"这样吧，既然大家知道了其中的问题，我觉得你们两个都退一步。小陈手上属于张力的两家客户重新划到张力这个区域来，张力抢的小陈的客户归还小陈，其他就不要再计较了。”

张力的情绪缓和下来了：“这个我没有什么意见，大家都是同事，以前关系也不错，以后要多加强沟通，这样就不会有什么问题了。”

“是啊，有什么话说出来，免得我们以后再产生误会。”

最后，小陈和张力笑着走出了经理的办公室。

【案例分析】

上述案例在组织中比较常见，尤其在销售团队中，由于组织的制度缺陷，容易导致销售人员为了利益争抢客户，使同事之间产生矛盾。

案例中的小陈遇到矛盾后没有与同事沟通，而是先忍让，后又选择向上司反映。忍让和向上司反映问题并非什么坏事情，但是要看什么情况。显然小陈的忍让使张力坚信小陈抢了他的客户，对不起他。另外，在张力看来，小陈向经理反映情况是恶人先告状。

4. 把同事当内部客户

一些企业经常强调：“客户是企业的衣食父母。”这句话里的客户对绝大多数公司而言是指外部客户。其实，内部客户对任何一个组织同样重要，只是被我们忽略了而已。在一个组织中，只有内部客户的价值提升了，员工的绩效才能提升，公司的绩效随之相应提升。如果我们对待同事像对待外部客户一样，就会减少内部推诿扯皮的现象，提高工作效率。例如，销售部张经理跟行政部王经理说：“王经理，我们这有一个重要客户去机场，能不能派辆车送一下？”如果王经理回答：“怎么不早说呢？车早上全派出去了！”这样势必使销售部张经理感到不高兴。如果行政部经理这样说：“哦，车早上全派出去了，不过没有关系，我会联系外面的车去接我们的客户。张经理，因为今天要开董事会，所以用车比较紧张，如果下次再有这样的事情，请你提前几天告诉我们吧，免得到时候误了你的事情。”这样一说，一来解决了问题，二来给销售部提出了要求，而且使销售部张经理乐于接受意见。

【行动学习】

市场部汪经理接到客户服务部的投诉："市场部的员工不了解产品销售政策，每天都有大量的电话打进来询问，我们客户服务部的电话简直成了市场部的查询台了。"

汪经理很诧异，产品销售政策一个月前就印发到每个人手中了，怎么会这样呢。汪经理亲自到客户服务部实地了解情况后发现：根据电话记载，确实每天都有市场人员咨询产品销售政策，而且个别市场人员多次咨询。汪经理找了几个市场人员咨询情况，原来，市场人员对产品销售政策确实不熟悉。原因主要是产品政策变更后没有详细学习和讲解，更没有征求员工的反馈意见。

如果你是市场部的汪经理，你将如何与客户部沟通并圆满解决此事？

【行动学习提示】

在这个行动中，汪经理需要考虑的是：

1. 与客户部的沟通是跨部门沟通，与对方经理是同级关系。

2. 这件事客户部投诉是有理有据的，市场部确实需要改进。

3. 如何才能使市场部员工不再咨询产品政策，这是汪经理必须解决的问题。

第十二章　与下属沟通的艺术

一、下行沟通的障碍

1. 自我主义的沟通心态

如果上司没有充分去了解下属，想当然地认为下属会像自己一样，会积极地、按质按量地把工作做好，那么，时间久了，就会形成自我主义的沟通心态。不和下属一起制订行动计划，不及时监督下属的执行状况，在安排事情的时候敷衍了事，并且下属多问几句就表现出一副不耐烦的样子："你怎么这么无知？白跟了我这么长时间！"以后下属自然不敢多问。

2. 信任危机

如果上司从骨子里面不信任下属，就会疑神疑鬼，话说一半留一半，让下属自己去体会个中的道理。或者用试探性语气测试下属是否在欺骗他，从而搞得整个团队疑心重重，神经兮兮。这种上司还可能喜欢进行突击检查，常常弄得下属哭笑不得。遇到这种上司，着实让下属感到头痛。

3. 把信息当做权力和工具

如果上司将沟通信息与上下级关系远近相联系，向关系密切的下属透露"机密"，对关系疏远的下属不管不问，那么，组织的氛围将十分糟糕。

有一种上司总是考虑如何维护自己的权威，如何在公司建立自己的团队，把自己因为职位因素所掌握的信息当做筹码，来博取下属对自己的拥护。认为谁跟他亲近一些，就先透露给谁，让下属感觉到自己得到了上司的重视。下班后这些下属会根据上司的喜好，形成以这位上司为核心的圈子文化，例如酒文化、麻将文化、卡拉 OK 文化等，然后大家就在酒桌上以自己这个圈子为背景，高谈阔论，排除异己。这种小团体就在公司的文化里逐渐扎下了根，对公司的管理产生极其不利的影响。

相反，对于一些和自己关系不密切的人，上司很少和他们进行沟通，更不用说提前泄露“天机”了。随着时间的推移以及上述潜规则的影响，下属感觉呆在这种文化里面，一是融不进去，二是没有前途，还有人觉得自己是在浪费时间，于是乎，优秀的人才会选择辞职，另谋高就。

4. 单向沟通的不良习惯

有些上司个性非常固执，表现非常强势，在与下属沟通的过程中搞一言堂，听不进下属的任何观点。“你的观点我早就想到了”，“你不用说了，我接下来就是谈你说的这个问题”。在他的脑海里，下属就是接受指示和命令，没有申辩和发表意见的机会。

还有一类上司非常自卑，自尊心极强，唯恐在沟通的过程中下属在众人面前表达的观点比自己的好，显得自己无能，于是乎就用自己的职位及单向的沟通方式来压制下属，使其不发表观点，这样就产生了“我说你听”的沟通模式。

二、下行沟通的准备

1. 规划好时间

在与下属沟通时，应事先规划好时间，不要一边与下属沟通，一边电话打个不停，或者不断有人来打搅。上司如果能放下手中的事，关掉手机或将手机设为震动状态，再与下属沟通，这是对下属的尊重，会提高沟通的效果和效率。

2. 准备好沟通的思路和方案

在与下属沟通之前，自己应该通盘地进行分析，理清思路，最终拿出解决方案。聪明的上司会先让下属说出他的想法，如果与自己心目中的方案大致相符，就表扬下属几句：“不错，就按照你的方案办!”这样会让你的下属更加有成就感。如果遇到没有想法，是来接受请示的下属，也不至于措手不及，这时你可以抛出你的思路和解决方案，并和下属一起讨论。

3. 准备好怎样回答下属可能提出的问题

由于掌握的信息不对称，或者思考的高度不一样，下属可能会针对沟通点提出很多问题。作为上司，你事先应该准备好下属可能问你的问题的答案。这个时候，其实是一个培训下属的好时机，不要去嘲笑下属提的问题多么无知。相反，下属在这个时候提的问题越多，证明他想得越多，如果你能够及时回答他的问题，就能保证未来的执行更加顺畅。

4. 准备好预案

由于存在很多不可预知的风险，作为上司，在与下属沟通之前，应该多分析这些风险，多设想几个预案，这样就突出了你身为上司的价值，同时可以保证以后执行过程中方向的把控和风险的预防。

三、下行沟通艺术

1. 给下属说话的机会

正如上述分析的原因一样，很多上司在和下属沟通的过程中，习惯于单向沟通，不给下属发言说话的机会，导致沟通效果不好。让下属开口说话，一则能够让下属表达他的观点和想法，说出他的思路，对执行和解决问题有非常大的帮助；二则体现了你作为上司比较民主的作风，能够倾听下属的意见。

给下属说话的机会，尤其要让下属把话讲完，以明了完整的意思。作为领导，不能只听到一半就妄加结论或批评。

【案例 12－1】

军　训

生产部经理周志刚历来有点独断专行。从一家台湾厂离职加入这家香港企业后，看到这家工厂的工人有点自由散漫，就想学学台湾公司的做法，要求工人每天早到半个小时，先搞军训，再开早会，每天下班也要求列队 10 分钟，改变员工自由散漫的现象。

试运行一段时间后，一天，开生产部例会，很多部门主管对要求员工军训的做法颇有微词。

生产一课课长是个老员工，在这家公司呆了十几年，他非常了解这家公司："军训要求员工早到半个小时，但公司又不能为这半个小时支付工资或者加班费，下面的员工意见非常大。"

生产二课课长表达了自己的观点："周经理，我们公司与台湾公司的文化可能有异。很多组长认为，这样训练没有什么用，反而会让员工反感，执行起来没有本质的改变，甚至比以前更差了。"

动力课课长说得较为风趣："每天早上，我们的一些管理干部从我们的训练队伍面前经过，部门的同事告诉我，他们每天都要接受一次全公司的检阅，站在那里羞死了。”

管理人员你一言我一语，强烈建议周经理取消早上生产部员工军训的活动。然而周经理根本就不听员工的劝告：“就是你们这些管理人员这么多年让员工放任自流，无拘无束，才养成现在这些坏毛病，这样怎能提高我们的生产效率？怎能保证我们的产品质量？军训不但现在要搞，而且要一直搞下去，只有这样，才能够改变这些员工身上的坏毛病和不良习惯。”会议不欢而散。由于这位经理一意孤行，独断专横，始终不能够听进下属的建议，后来工厂因为搬迁，员工罢工索要补偿，集体要求工厂炒掉这位经理作为谈判的条件，弹劾了这位经理。

【案例分析】

无论是管理人员还是一线员工，都对这项运动产生如此大的抵触情绪，周经理应该考虑一下各位主管的意见，并对军训适当做一些调整，既让员工乐于接受，又在管理上起到作用。

2. 检验下属对沟通内容的理解程度

很多下属在听完上司的指示后，似懂非懂，又不敢问，问了怕上司说其理解能力太差，不能理解上司的真正意图。当他们回去向部门安排具体任务时，很可能会把方向搞错，而最终的结果可能是南辕北辙。作为上司，在和下属沟通完后，不妨询问一下他是否已经明白了你的意思。如果他告诉你已经清楚了，则要求他把你刚才所说的择要复述一遍，以此来检验他是否真的彻底明白了你的沟通意图和目的。

【案例 12－2】

大学生的招聘计划

今天星期五，人力资源部每周五下午都要召开人力资源部例会，所有员工都要参加。人力资源部的王经理前天告诉张总，关于礼拜一张总跟他沟通的下个月招聘50个大学生作为公司储备干部的问题，今天在例会上会向人力资源部的同事宣布，并一起研究下一步的行动计划。张总随即说，这个事情很重要，他会列席参加这次会议。张总参加会议是醉翁之意不在酒，实际上是检验王经理是否已经完全明白了前天他们沟通的内容。

由于公司明年要扩大规模，要把工厂从西丽迁至观澜，很多工程师不会跟随迁移到观澜，届时流失率会很高。另外，公司扩大规模后，会产生很多职位空缺。最近经过董事会决议，公司准备在全国招聘50名机械自动化专业毕业的大学生作为储备干部进行培养，并告诉王经理，招聘这些大学生后，会到各部门轮岗工作，之后再具体分配到固定的部门工作。张总前天向王经理转达了这个决议和想法，由于有急事要去广州，当时不知道王经理是否完全明白了他的意思，所以借此机会想听听他怎样在例会上向人力资源部同事解释。

王经理开门见山地说："由于公司担心明年搬厂会有很多员工流失，最近决议在全国范围内招聘50名大学生作为储备干部。请招聘专员查询资料，并做好招聘计划，看看我们需要去哪几所大学招聘。培训部请给我草拟一个培训计划，对于这些大学生进行一年的部门轮岗培训，看看你们有什么意见和想法。"

人力资源部的同事听完后，有点丈二和尚摸不着头脑，不知道该从哪里说起。会场顿时沉默了下来。

张总感觉到王经理根本没有把问题表达清楚，同事们没有领会他的意思，怎么提意见呢？

“你们经理说得很对，我在这里补充一下。通过你们前期的调查，我们如果把工厂从西丽迁至观澜，将有20%的工程师不会随我们搬迁，这样我们的技术骨干就会出现很大的流失。另外，公司搬到观澜后，规模比现在扩大40%，我们也需要招聘一批人。其次，按照这种发展速度，公司在未来3~5年内还需要招聘大量的技术和管理人才。基于这些事实，董事会决定今年在全国比较优秀的大学里，招聘50名机械自动化专业的大学生，作为我们的储备干部进行培养……”张总把这次招聘的前因后果解释了一遍。

“哦，原来是这样，那我们尽快提交我们的工作计划给王经理。”人力资源部的会议继续进行。

【案例分析】

王经理刚开始根本没有彻底明白公司这次招聘大学生的意图，认为仅仅是为了防止人员流失，其实更重要的是，公司想招聘大学生进行技术和管理培训，作为公司以后战略发展的人才储备。如果解释到这个层面，人力资源部的招聘主管才知道怎样去招聘，需要找哪种性格与类型的大学生；培训专员才知道该怎样去安排培训，每个部门应该培训多长时间，另外公司哪些骨干将被要求协助人力资源部对这些大学生进行技术和管理的培训。张总就是利用列席会议这种方式，来检验其下属是否彻底明了他的意图和目的。这不失为一种很好的方法。

3. 在“走动管理”中沟通

麦当劳快餐店创始人雷·克洛克，是美国最有影响的十大企业家之一。他不喜欢整天坐在办公室里，而是把大部分工作时间都用在“走动管理上”，即到各公司、部门走走、看看、听听、问问。麦当劳公司曾有一段时间面临严重亏损的危机，克洛克发现其中一个重要原因是公司各职能部门的经理有严重的官僚主义，习惯躺在舒适的椅子靠背上指手画脚，把许多宝贵时间耗费在抽烟和闲聊上。于是克洛克想出一个“奇招”，将所有经理的椅子靠背锯掉，开始很多人骂克洛克是个疯子，不久大家悟出了他的一番“苦心”。他们纷纷走出办公室，深入基层，开展“走动管理”，及时了解情况，现场解决问题，终于使公司扭亏为盈。著名的管理学大师彼得·德鲁克（Peter Drucker）说：“人无法只靠一句话来沟通，总是得靠整个人来沟通。”

安排了任务以后，上司有很多方法监督任务的执行情况。第一，可以告诉下属，需要定期就该任务的执行和你进行沟通。第二，在任务的几个关键点上，你必须列席他们的会议，听取他们的方案，并一起作出决定。这几个关键点可能决定这个任务的成败，所以需要你更多的投入。第三，你也可以适当地进行抽查，不妨到现场去，面对面和一线的同事进行交流，了解同事们工作的进展情况，或者执行过程中遇到的困难，掌握第一手信息，再和你的下属进行沟通与讨论。

【案例 12－3】

午夜巡厂

今天星期四，时针已经指向了晚上十一点整。A 集团人力资源总监周总准备独自去集团底下 6 家分公司的生产现场转转。上午人力资源部张经理跟他汇报说，下面工厂一切正常，风波已经过去，各项改革正在有条不紊地进行，他想今晚去看个究竟。

A 集团是一家全国知名的企业。由于今年当地政府出售了大部分国有股份，这家企业由以前的国有企业转制为民营企业。转制后，企业进行了许多现代企业制度的改革，包括制度改革、结构优化等。由于很多原有工人不适应这些新的模式，少部分人开始抵制甚至暗地里组织、策划罢工，要求公司支付其以前在公司工作多年的经济补偿。上周一罢工终于爆发，最后在当地政府的大力支持下，公司平息了这场罢工运动，但是相关的改革还要继续下去。周总是这次改革的总负责人，人力资源部张经理负责具体的执行。本周二周总已经召集各分公司的一把手来集团总部开了会议，重新传达了集团公司的会议精神，要求采取竞争上岗的方式，能者上，庸者下，把机会留给有思想、有激情、有责任心的员工，彻底扭转以前吃“大锅饭”的不良现象。张经理告诉周总，一切按照原计划在有条不紊地进行。

首先，周总来到了塑胶厂。工厂内灯火通明，机器在轰隆隆地运转，生产线上的塑胶瓶在一排排地下线，工人们穿着整齐的工衣，一丝不苟地工作着。车间主任小刘看见了周总，跑过来汇报：“周总，今天员工需要加班到凌晨4点，今天订单特别多，我们的效率比以前提高了15%。”周总拍了拍小刘的肩膀说：“好的，辛苦了，好好干，我就不打扰你们了。”

接下来，周总又来到了公司的出货仓库。由于时值盛夏，正是公司的销售旺季，只见一台台叉车正在往卡车上搬运饮料，旁边的工人们正在对一箱箱的饮料打包。

看到这个场景，周总会心地笑了。

【案例分析】

案例中周总就是通过这种巡厂的方式来监督和检验下属的执行，各单位是否真的在有条不紊地进行改革？改革是否影响到正常的生产？员工的士气如何？大家是否从心底里支持这项改革？到现场走一走后，周总彻底相信，从今晚各方面的表现，这项改革真的如张经理所说，正按照原计划进行着。

4. 承认和赞美下属的劳动成果

如果上司喜欢揽功推过，专抢下属的功劳，即把别人烹制的“佳肴”全部装进自己的碗里，不肯分出“一匙羹”，自己做错了事却要下属承担，那么下属工作的积极性也不会太高。承认和赞美下属的劳动成果，是对下属的一种激励，也是一种尊重。

【案例 12－4】

“绩效管理”汇报会

公司老板从香港赶过来参加公司绩效管理系统阶段成果汇报会，会议由分管人力资源部的副总方总主持。

“经过三个多月的努力工作，主要完成了以下工作：

（1）300 多岗位 KPI 标准的设定。

（2）建立并完善了绩效考核和管理制度。

（3）已经试运行了绩效管理系统，从目前反映的各项数据来看，我们在下个月正式运行问题不大。”

老板听了很高兴：“这项工作做得很好。感谢你们为公司的付出。”

方总连忙说；“应该的，应该的，我已经连续三个周末没有休息了。绩效管理系统建立起来后，我们的效率会提高很多，整个公司的运作也就流畅多了。”

坐在一旁的人力资源部张经理感觉心里不是滋味。这项工作自始至终都是他在主导，但方总从头到尾连他的名字都没有提到。张经理心里嘀咕道：“你三个星期没有休息，不知道我已经三个月没有休息一天吗？跟你这样的上司一起工作，真没意思！”

【案例分析】

在整个报告会中，由于方总一直想在老板面前表现自己，想把整个项目的功劳揽入怀中，所以从头到尾都没有在老板面前提及其下属的名字，生怕老板知道这个项目是张经理主导的。这种做法引起了其下属极大的反感，认为上司在关键的时候抢下属的功劳，这样做要不得。其实，方总没有明白几个道理：其一，人力资源部是你的团队，你的团队干出了好的成绩，老板心中自然而然地认为是你的功劳，何必这么自己标榜自己呢？其二，在这种场合如果你能够及时地在老板面前表扬自己的下属，下属会感觉到你的大度，相反是一次非常好的激励下属的机会。只可惜这次机会被方总白白地错过！

5. 记住并叫出下属的名字

在尽可能短的时间内记住自己下属的名字，不管你用什么方法。当别人能够在很短时间内记住自己的名字，每个人都会有种被重视的满足感。

在《杜拉拉升职记》中有这样一个场景：人力资源总监李斯特三步并做两步，大步流星地上前伸出右手，有力地抓住下属邱杰克的手握着，左手同时拍着邱杰克的肩膀，用夏威夷阳光一样的热情说：“Hi, Jack! How are you?”邱杰克看到很少见面的HR总监居然记得自己，非常高兴，还没听到表扬，脸就笑得像朵怒放的大菊花，连连说：

"I am fine, thank you!"

【行动学习】

王兵是一家大型电脑制造企业的预算和计划部主管，下辖十一位会计人员。虽然这些人都没有会计学历，但是他们可以熟练地处理各种记录和数据，他们的基本工作是为营业部准备预算计划和分析数据。输入的数据来自各部门和公司的记录。王兵依据兴趣和技能来为会计人员分配工作。某些项目由于许多因素比其他项目更受员工的欢迎，所以，有时会计人员之间会因为谁来承担这些项目而发生争执，李萍就是其中一位特别敏感和经常抱怨的员工。有一次，王兵接了一很好的项目，并把它安排给一位叫张超的员工。李萍特别愤怒，因为她认为该项目应该由她来做，她回到座位上，将她的工作文件与资料扔到办公桌一边，然后从桌子上拿起一本书高声朗读起来。因为所有的会计人员都在一起办公，所以大多数人都发现了她的举动。她借机大声叫到："这里没有人给我安排过一份好的工作。"所有人都听到了。王兵听到李萍的声音，从座位向外望去，见到了正在发生的一切。

假设你是王兵，你该怎么做？

【行动学习提示】

如要解决这件事，王兵应考虑如下因素：

1. 他的项目分配是否合理。
2. 李萍的表现会不会影响她本人的工作。
3. 李萍是当着王兵和同事们的面发的牢骚。

参考文献

1. [美] 戴尔·卡耐基. 人性的弱点 [M]. 北京：中国发展出版社，2010
2. 张鼎昆. 行动学习 [M]. 北京：机械工业出版社，2005
3. 卓跃. 东方服务 [M]. 北京：中国旅游出版社，2006
4. 赵慧军. 管理沟通——理论技巧实务 [M]. 北京：首都经济贸易大学出版社，2003
5. 陈春花. 管理沟通 [M]. 广州：华南理工大学出版社，2001
6. 王磊. 管理沟通 [M]. 北京：石油工业出版社，2001
7. [美] 迈克尔·E. 哈特斯利. 管理沟通原理与实践. 哈佛大学教授作品集 [M]. 北京：机械工业出版社，2003
8. [美] 查尔斯·E. 贝克. 管理沟通——理论与实践的交融. 工商管理经典译丛 [M]. 北京：中国人民大学出版社，2002

后　记

关于沟通的书籍前人写了许多，而且都很成功，《卓越管理沟通》的编写尝试了以下创新，希望读者能够喜欢。

在构思方面，《卓越管理沟通》先阐述沟通之“道”，再从“道”的基点出发，阐述人际交往和组织中的沟通之“术”，并将沟通之“术”上升为一种沟通“艺术”。“道”指导“术”，明道则优术。

在写作方面，《卓越管理沟通》采用了以下模式：【通俗易懂的理论】+【案例及分析】+【故事及分享】+【游戏及启示】+【行动及反思】。这种模式有利于读者在通俗易懂的理论中领悟沟通的理念，在案例、故事和游戏中学习沟通的艺术，即在案例讨论、故事分析和游戏启示中感悟沟通理念，在感悟与启示后再学习沟通的艺术。

《卓越管理沟通》突出了可读性，深入浅出，注重实践与理论相结合、案例分析与基本原理阐述相结合。每章以理论+案例或故事+案例分析或故事启示+行动学习（沟通游戏及沟通场景设计）的形式展现内容，引领读者以一种新的方式学习沟通之“术”。

本书中的插图由曹宝凤和李凌凌设计制作，暨南大学出版社为本书的出版提供了大力支持和帮助，出版社的编辑为此付出了辛勤的劳动，在此表示衷心感谢！

编著者

2011 年 8 月